Ⅰ
生徒指導研究のフロンティア
シリーズ
森田洋司／山下一夫
[監修]

新しい時代の生徒指導を展望する

徳久治彦 [編著]

学事出版

シリーズ
『生徒指導研究のフロンティア』
趣旨

　本シリーズは、生徒指導の第一線に立つ研究者、教育行政関係者、現場教師の叡智や実践を集め、これまでの生徒指導を総括するとともに、新しい時代の生徒指導を構築していくために企画されました。
　そのねらい、目指すものは以下の通りです。

・これからの社会の方向性と将来を担う子どもたちに必要とされる資質・能力とは何かを明らかにし、場当たり的なその日暮らしの指導ではなく、中・長期的視野に立った生徒指導の考え方と実践の方向性を提示する

・新学習指導要領や第三期教育振興計画など、現在進行している新たな教育改革・学校改革の動向を踏まえた生徒指導を提案する

・最新の国内外の研究や新しい教育の流れをベースにして、これからの生徒指導の新たな地平を切り開く内容を盛り込む

・使い手の視点に立って明日からにでも役立つ指導や実践を示しながらも、研究・実践や調査から得られた知見をその背後で裏打ちすることによって、読者が自信をもって指導に臨むことのできる内容を示す

・多様化し複雑化する児童生徒の問題に直面して抱く読み手のさまざまな悩みや指導の手詰まり感・疲弊感を乗り越え、学校現場に明日に向かう力を与える

　本シリーズが、日々の生徒指導実践の一助になることを願っています。

監修者　森田洋司
山下一夫

第1巻のねらい

　生徒指導は、一人ひとりの児童生徒の人格の価値を尊重し、個性の伸長を図りながら、同時に社会的資質や行動を高めようとするものである。

　文部省（当時）は、少年非行が増加し学校教育環境の変化に合わせ、昭和40（1965）年に教職員向け『生徒指導の手びき』を刊行し、「生徒指導」を上記のように定義した。昭和56（1981）年には、社会的状況の変化に伴い一部内容を改訂し、『生徒指導の手引（改訂版）』を作成した。その後、さらなる情勢変化に対応するため、これを継承し、小学校段階を含めた基本書『生徒指導提要』を平成22（2010）年に刊行した。この時の「生徒指導」の定義もかつてと変化していない。

　あれから、AIなど情報環境の進展、児童虐待の深刻化等、子どもを取り巻く社会状況が一変してきた。このような中で学校教育において児童生徒の指導・援助について、何を守り、どういう要素を取り入れ、何をどのように変え、どことどう連携し、一丸となって生徒指導の具体的実践に取り組んでいくのか。困難極まる命題である。しかし、時は待ってくれない。子どもは日々成長を続ける―――。

　このような時に本書ができあがった。

　第1章で「これからの日本社会と生徒指導」、第2章で「新学習指導要領と生徒指導」、第3章で「生徒指導の今日的な課題」について述べ、生徒指導とは何か、もう一度原点に立ち戻って考える。そして、社会、児童生徒の抱える問題の状況の変化を学び、一人ひとりの児童生徒の個別性と多様性も見据えて、実際の指導・援助方法を模索し、確立していく。

　本書が、そのための貴重な一助になることを願う。

編著　徳久治彦

目　次

第1章　これからの日本社会と生徒指導　　7

Ⅰ　教育・生徒指導をめぐる昨今と近未来とを考える
―新・教育課程の動向と生徒指導論― …………………………8

　1　はじめに　8
　2　第3期教育振興基本計画策定と学習指導要領改訂　8
　3　生徒指導の現在と未来　13
　4　教育法制　17
　5　おわりに　20

Ⅱ　生徒指導の最終目標としての「社会的なリテラシー」の
涵養に向けて ……………………………………………………22

　1　はじめに　22
　2　「（改正）教育基本法」が求める「社会を形成する資質・能力」　23
　3　これからの日本社会を「生きる力」とは
　　（生徒指導の育成目標を「自己指導力」に置くだけで充分なのか）　25
　4　道徳教育・特別活動と「公共を基軸とした生徒指導」　28
　5　「生徒指導提要」が掲げる生徒指導の最終目標としての
　　「社会的なリテラシー」について　31

第2章　新学習指導要領と生徒指導　　37

Ⅰ　新学習指導要領における生徒指導の位置づけ ………………38

　1　はじめに　38
　2　新学習指導要領における生徒指導の位置づけ　38
　3　新学習指導要領総則における生徒指導のポイント　41
　4　新学習指導要領特別活動における生徒指導のポイント　45
　5　おわりに　50

Ⅱ　伝統的な学校組織文化の再考と新たな生徒指導 ……………51

　1　伝統的な学校組織文化の再生　51
　2　生徒指導の認識に関わる課題　54
　3　新学習指導要領、第3期教育振興基本計画と生徒指導　56

4　外的要因に対応できる新たな学校組織文化の創造
　　（内的要因の改善）　58
5　学業指導の実践　62

Ⅲ　授業における学習指導と融合した生徒指導の展開 ……………………… 64
　　1　授業における学習指導と生徒指導に関するこれまでの考え方　64
　　2　新学習指導要領における学習指導と生徒指導　70

Ⅳ　「特別の教科 道徳」と「生徒指導」……………………………………… 77
　　1　はじめに　77
　　2　「特別の教科 道徳」成立の背景とその趣旨　78
　　3　道徳教育改善の方策と今後検討すべき課題　80
　　4　成長促進型の生徒指導を目指す道徳教育　82
　　5　生徒指導に生きて働く道徳教育の推進　84

Ⅴ　新しい学びと学級経営における生徒指導の役割 ………………………… 91
　　1　「新しい学び」に対応した授業革新と生徒指導　91
　　2　創発信頼型学級の育成と生徒指導　93
　　3　総合的な学習の時間・特別活動・部活動を活かした生徒指導の推進　98
　　4　各学校の教育推進基本計画・年間指導計画と連動した
　　　　これらの諸活動の生徒指導案（モデル）の策定　101

第3章　生徒指導は今日的な課題にどう取り組むか　　105

Ⅰ　自己肯定感と生徒指導 ………………………………………………………… 106
　　1　はじめに　106
　　2　国際比較より　107
　　3　東京都での実践的研究　108
　　4　自尊感情・自己肯定感の測定方法　109
　　5　自尊感情・自己肯定感の発達的変化より　110
　　6　自己肯定感を高めるには―褒めると叱る―　112
　　7　自己肯定感といじめ　113
　　8　自己肯定感からみた不登校の＜現在＞＜過去＞＜未来＞　115
　　9　より健全な成長のために　118

Ⅱ　生徒指導におけるインクルーシブ教育の視点 ……………………………… 120
　　1　障害者の権利に関する条約の採択から障害者差別解消法の
　　　　施行まで　120

5

2　障害者の権利に関する条約とインクルーシブ教育システム　121

3　合理的配慮と社会的障壁の除去　122

4　特別支援教育の充実がインクルーシブ教育システム構築の基盤　124

5　個別の指導計画、個別の教育支援計画の作成と活用　125

6　個人が抱える課題と人間関係や学習環境の課題　126

7　問題行動・不登校等生徒指導上の諸課題に関する調査から　128

8　学習指導、生徒指導における特別支援教育の視点　129

9　課題の多様化・複雑化と専門機関との連携　130

10　途切れのない支援のための情報の引き継ぎ　132

Ⅲ　新しい時代における持続可能な生徒指導体制の構築 ‥‥‥‥‥‥‥‥‥134

1　新しい時代における持続可能な生徒指導体制の構築　134

2　「チームとしての学校」と教職員の分業体制　137

3　学校における働き方改革と生徒指導　140

4　新しい時代における持続可能な生徒指導体制の構築に向けた
処方箋　143

5　おわりに─漸進的改善を重ねる─　145

Ⅳ　「同僚性」と「協働性」に基づく生徒指導の活性化と教職員の
メンタルヘルス ‥‥‥‥‥‥‥‥‥‥‥‥‥‥‥‥‥‥‥‥‥‥‥‥‥147

1　増幅する生徒指導の困難性と「チーム学校」　147

2　チームによる生徒指導の活性化のための視点と課題　149

3　生徒指導の活性化の基盤となる「協働性」と「同僚性」　153

4　「同僚性」・「協働性」の高い職場と教職員のメンタルヘルス　157

第1章

これからの日本社会と
生徒指導

I 教育・生徒指導をめぐる昨今と近未来とを考える
―新・教育課程の動向と生徒指導論―

前国立教育政策研究所生徒指導・進路指導研究センター長 濵口太久未

1 はじめに

　本稿は平たくいえば「現在・これからの社会状況にあって教育はどこに向かおうとしているのか、そしてその中で生徒指導の方向性はどうあるべきか」という点について述べようとするものである。そのためには、まず政府の策定した「教育振興基本計画」がどのような問題意識をもち、どのような内容を記載しているかについて見る必要があるが、冒頭の断り書きとして本稿の文責は筆者個人にある点について予め記載しておきたい。

2 第3期教育振興基本計画策定と学習指導要領改訂

（1）教育振興基本計画とは

　教育振興基本計画は、平成18年に成立・施行した現行の教育基本法の第17条において新たに法定されたものであり、国にあっては教育の総合的・計画的な振興を図る観点から、教育施策に関する基本方針や施策内容等について基本的な計画を定めて国会報告・公表をするよう政府に義務づけられているものである（同条第1項）。他方、同計画の効力期間は法定されていないが、現状では中央教育審議会答申「新しい時代にふさわしい教育基本法と教育振興基本計画の在り方について」（平成15年3月）を踏まえ5年間の計画が策定されてきており、現行の第3期教育振興基本計画が中央教育審議会の審議を経て平成30年6月に閣議決定されている。

（2）教育課程をめぐる見直しの動向

　第3期教育振興基本計画では、同計画が想定する今後の社会・人間像と

それを踏まえた具体的な取組について言及しているが、これらは平成29・30年の学習指導要領改訂の場合と同様の問題意識のもとに整理されているものであるため、先に学習指導要領改訂について見ることとする。

今回の新・学習指導要領は平成32年度（小）～平成34年度（高）に全面実施される予定となっているところ、これまでの学習指導要領の変遷と内外の動向等を踏まえて大きな充実が図られたものである。そのベースとなった中央教育審議会答申「幼稚園、小学校、中学校、高等学校及び特別支援学校の学習指導要領等の改善及び必要な方策等について」（平成28年12月）によれば、「社会に開かれた教育課程」を実現すべく、①育成を目指す資質・能力、②教科等を学ぶ意義と、教科等間・学校段階間のつながりを踏まえた教育課程の編成、③各教科等の指導計画の作成と実施、学習・指導の改善・充実等の六つのポイントに沿って構成されている。

この改訂はいわばかつてのような「何を知っているか」だけではなく「何ができるようになるか」を問うたものであり、国際的にみれば「リテラシー」から「コンピテンシー」の育成を目指す教育に転換していくという1990年代からの動向とも符合するものである。その背後には、知識が多様な生活の場面において重要性を帯びる「知識基盤社会」（中央教育審議会答申「我が国の高等教育の将来像」〔平成17年1月〕）の21世紀においては、知識や技術の進歩による第4次産業革命やIoT（Internet of Things）の進展等によって社会の変化が一層激しくなり未来を見通すことがますます困難化していくことになるという見通しがある。そして、その中にあって個々人に求められるものは種々の変化に適切に対応することはもちろんのこととして、さらに進んで未来を自ら切り拓いていくことであり、そのための資質・能力を高めていく必要があるとする考え方がある。

つまり、学校教育段階での学びがその後の社会で生き抜いていくことに従来以上につながっていくようにすること、また、生涯にわたって学んでいくための基盤となるようにすることが「知識基盤社会」では極めて重要と考えられている。そして、そのために今後は単に抽象的な知識を多く得ているというだけでは足りず、そうしたさまざまな知識を互いに結び付けて生きた知識としたり、日常生活等の中で具体的な正解が一つだけである

とは限らないような課題に遭遇しても必要に応じて他者ともコミュニケーションをとりながらそれらを使いこなして乗り越えていこうとしたりするような力を身につけることが求められているのである。

このため（こうした考え方自体は従来の学習指導要領における「新しい学力観」や「生きる力」とも無縁のものではないのではあるが）、新・学習指導要領においては、子どもに求められる資質・能力とは何かを社会と共有・連携する「社会に開かれた教育課程」を重視し、「何ができるようになるか」を明確化する観点から①知識・技能、②思考力・判断力・表現力等、③学びに向かう力や人間性等の三つの柱で全教科等を再整理している。そして、その上で主体的・対話的で深い学びの実現に向けた授業改善を図り、さらに各学校におけるカリキュラム・マネジメントの確立を図ることなどがポイントとされているのである。

（3）第3期教育振興基本計画が想定する社会・人間の姿

上記（2）で記載した、新・学習指導要領で提示された教育をめぐる課題認識や今後の方向性については、第3期教育振興基本計画でも継受されている。そこでは「知識基盤社会」の現状やグローバル化の進展等による社会変化の予測困難化、2030年ごろのIoT等の技術革新や人口構造・雇用環境の変化、UNESCOやOECDによる国際的な検討動向等への対応の必要性と、それらと対比的に教育について語られる課題（幼児期からの体験活動の不足、学習したことを活用して生活上の課題解決に主体的に取り組むことができていないことなど）を説きつつ、同計画が育成すべきとする人間の姿に関しては本稿の立場に即して整理すると、以下のようなものとなっている。

- 社会の変化や国際動向を踏まえた個人・社会の目指すべき姿と教育の役割に関しては、個人については「自立した人間として、主体的に判断し、多様な人々と協働しながら新たな価値を創造する人材を育成していくこと」が重要である。社会については「一人一人が活躍し、豊かで安心して暮らせる社会の実現」、長期的な見通しをもって「社会（地域・国・世界）の持続的な成長・発展」を目指していくことが重要である。

第1章　これからの日本社会と生徒指導

　さらに今後の社会においては「人生100年時代」の到来への対応と、超スマート社会（Society5.0）の実現が特に重要なテーマとなることを踏まえると、若年期において知識・技能、思考力・判断力・表現力等、学びに向かう力・人間性等の涵養といった資質・能力を身につけることに加えて、生涯にわたって自ら学習し自己の能力を高め働くことや社会等の課題解決のための活動につなげていくことの必要性が一層高まっていく。また変化の激しい社会を生き抜いていくためには国民一人一人が生涯にわたって質の高い学びを重ねてそれぞれの立場・分野で成長し、新たな価値を生み出し輝き続ける力を身につけることが不可欠である。溢れる情報の中から必要な情報を読みとり、進歩し続ける技術を使いこなすことができるようにするために基本的な情報活用能力を身につけることも重要課題となる。

　こうしたことを踏まえると、生涯にわたる一人一人の「可能性」と「チャンス」との最大化を今後の教育政策の中心課題に据えて取り組むことが必要となるのであり、この点は幼児期から高齢期までの生涯にわたる教育の一環した理念として重視する必要がある。そして初等中等教育においては幼児期から高等学校教育までを通じて育成を目指す資質・能力について、①「何を理解しているか、何ができるか（生きて働く「知識・技能」の習得）」、②「理解していること・できることをどう使うか（未知の状況にも対応できる「思考力・判断力・表現力等」の育成）」、③「どのように社会・世界と関わり、よりよい人生を送るか（学びを人生や社会に生かそうとする「学びに向かう力・人間性等」の涵養）」の三つの柱で整理したものである。そして、こうした資質・能力を社会・世界との接点を重視しながら育成する「社会に開かれた教育課程」の実現が重要である。

（4）第3期教育振興基本計画の具体的な取組内容

　前記（3）は、言ってみれば、先行き不透明な社会において個々人が主体性・協働性を発揮してよりよい人生を生き抜き、また社会が持続的に発展していくためには、個々人が生涯にわたって学びの質を高め（可能性）、

かつ、個々人に対してそうした機会の整備等をしていくこと（チャンス）が必要である旨、特に長い人生の初期段階にある初等中等教育においては、育成すべき資質・能力について、思考力・判断力・表現力等や学びに向かう力・人間性等の３点から捉えて社会・世界との接点を重視しながら育成していくことが重要であるという旨を述べているものである。第３期教育振興基本計画はこのような整理に続けて、今後の教育政策に関する基本的な五つの方針をたてている。その中では、複雑で予測困難な社会での人生を豊かなものとするために、これまでの教育で育まれた「生きる力」やその中で重視されてきた知・徳・体の育成の現代的な意義を捉え直し、初等中等教育段階にあっては主体的・対話的で深い学びの視点からの授業改善やカリキュラム・マネジメントの確立を含めた新学習指導要領の周知・徹底やその着実な実施による確かな学力の育成を謳っている。また、このほかにも豊かな心を育むために豊かな情操や規範意識、自他の生命の尊重、自己肯定感・自己有用感、他者への思いやり、対面でのコミュニケーションを通じて人間関係を築く力、困難を乗り越え物事を成し遂げる力、公共の精神等の育成を図ること、日本の伝統・文化を継承・発展させるための教育を推進することの重要性等を指摘している。その上で、今後５年間にわたって取り組む具体的な教育施策について五つの方針ごとに個別の複数の目標を立てて種々のものを掲載している。このうち本稿に最も深い関係を有する「夢と志を持ち、可能性に挑戦するために必要となる力を育成する」の方針における目標・個別施策について例示列挙すると以下のとおりである。

　「目標：確かな学力の育成」では、①新学習指導要領の着実な実施等（主体的・対話的で深い学びの視点からの授業改善、カリキュラム・マネジメントの確立、教科書の内容等の改善、研究開発学校等の実践研究の推進）、②全国学力・学習状況調査の実施・分析・活用、③高等学校教育改革の推進（教育課程の見直し、学習・指導方法の改善と教師の指導力の向上、「高校生のための学びの基礎診断」制度の創設等）がある。「目標：豊かな心の育成」では、①子どもの自己肯定感・自己有用感の育成（多世代交流・異年齢交流活動を重視した学習指導要領の着実な実施、全ての子どもが安

全・安心に学ぶことのできる居場所づくりの推進等）、②道徳教育の推進
（小・中学校における「特別の教科　道徳」の実施、学校教育活動全体を通
じた道徳教育の推進）、③いじめ等への対応の徹底や人権教育の推進（いじ
め防止対策推進法等の周知徹底、いじめ防止等への取組を徹底するための
研修等の充実、学校・教育委員会と警察等の関係機関との連携・協力の促
進、体罰禁止の徹底、学校における人権教育の在り方等に関する調査研究
等）、④体験活動や読書活動の充実（学校や青少年教育施設等における自然
体験活動・集団宿泊体験活動等の充実、司書教諭の要請や学校司書の配置
など学校図書館の整備充実等）、⑤伝統や文化等に関する教育の推進（文化
芸術教育の推進、武道の振興等）、⑥青少年の健全育成（情報モラル教育の
推進等）等が記載されている。

　これらの施策を見ると、社会や時代の変化の激しさと我が国の発展の有
り様に対する一種強烈な危機感をもちつつ、またそれを払拭すべく、個人
が逞しく生きていくための資質・能力を育むよう、教育をコンピテンシー
の面から捉え直した上で新規や従前の施策を種々織り交ぜて総合的に展開
していこうとする姿勢が看取される。では今後の生徒指導の在り方につい
てはどのように捉えて展開していくべきなのであろうか。次の項目ではこ
の点について見ていくこととする。

3　生徒指導の現在と未来

　「生徒指導」という四文字用語は後述するように相当程度に広範な概念
である。それだけに、適切な生徒指導を行うためには、その意義を的確に
捕捉したり、学習指導との関係性を含めた生徒指導の種々の側面について
十分に理解したりすることが必要となる。

　文部（科学）省では、昭和の後半から「生徒指導の手引き」等を作成・
配布してきているが、平成22年には初等中等教育段階の生徒指導の理論・
考え方や実際の指導方法等について時代の変化に即して網羅的にまとめて
組織的・体系的な生徒指導の取組を進めることに資するよう、学校・教職
員向けの基本書として「生徒指導提要」をとりまとめている。

「生徒指導提要」では、まず生徒指導の意義等について以下のように述べる。

- 　生徒指導とは、一人一人の児童生徒の人格を尊重し、個性の伸長を図りながら、社会的資質や行動力を高めることを目指して行われる教育活動のことであり、学習指導と並んで学校教育において重要な意義を持つものである。各学校においては、生徒指導が、教育課程の内外において一人一人の児童生徒の健全な成長を促し、児童生徒自ら現在及び将来における自己実現を図っていくための自己指導能力の育成を目指すものであるという積極的な意義を踏まえ、学校の教育活動全体を通じ、その一層の充実を図っていくことが必要である。そして自己指導能力をはぐくんでいくのは、学習指導の場を含む学校生活のあらゆる場・機会であり、授業や休み時間、放課後、部活動や地域における体験活動の場においても生徒指導を行うことが必要である。発達段階に応じた自己指導能力を育成するためには計画的な生徒指導が求められるが、それとともに個々の児童生徒の発達状況に応じた個別の指導・援助も大切である。

そして「生徒指導提要」ではこれに引き続き、生徒指導の三つの課題として、①生徒指導の基盤となる児童生徒理解、②望ましい人間関係づくりと集団指導・個別指導、③学校全体で進める生徒指導を挙げ、生徒指導の側面として教師―児童生徒、児童生徒―児童生徒、教師―教師が各々存在することを明らかにしつつ、その際に必要となる児童生徒理解、集団指導・個別指導両面での対応、学校全体における組織的・計画的な生徒指導、家庭・地域社会や関係機関等との連携協力等について述べている。さらに各論では教育課程との関係や児童生徒理解の位置付け・内容、学校における生徒指導体制、教育相談、生徒指導の進め方等の多様な事柄について解説しており、各学校ではこのような線に沿って工夫を凝らした生徒指導が行われている。

問題は、このように「生徒指導提要」で生徒指導に関して示された、包括的概念性・機能論や学習指導との関係性、全校レベルの組織的・計画的

指導や全校家庭・地域等との連携協力の必要性、育成目標とされる自己指導能力や（人々が社会の中で生活し、個々の幸福の実現と社会を発展させていくための包括的・総合的なものとしての）「社会的なリテラシー」について、今後どう捉えて対応していくべきかという点である。

　この点、学習指導要領における生徒指導に関（連）する文言の変化を見ると、小学校分を例にとれば新・学習指導要領では、その総則に「第4　児童の発達の支援」という新たな独立した柱が立てられ、かつ当該柱立ての最初で「1　児童の発達を支える指導の充実」の項目が設けられている。その内容についても、現行学習指導要領に記載された学級経営の充実、教師と児童の信頼関係や児童相互の人間関係の育成、児童理解の深化に加えて、集団指導・個別指導の両面による学年段階別の発達支援、社会的・職業的自立に向けて必要な基盤となる資質・能力を身につけるためのキャリア教育の充実も盛り込まれているところである。

　こうした記述内容の変化・充実ぶりや、コンピテンシーを重視する新・学習指導要領の考え方は、これまで生徒指導につき「生徒指導提要」で具現化されてきた事柄と親和性を有するものであり、いわば教育課程の考え方が従来の生徒指導に近接してきているものと言えるのである。その意味では今後の生徒指導の在り方については、新・学習指導要領において整理された資質・能力が着実に育成されるよう、引き続き「生徒指導提要」を基本としつつ、また新・学習指導要領に定めているように「学習指導と関連付けながら」多種多様な場面において充実・展開していくことが求められることとなるのであり、従来以上に教育課程の中においても生徒指導の意義等を念頭に置いて教育活動を行うことが重要になってくるものと考えられる。

　そしてこのことは各学校での教育活動のみならず、大学における教職課程や教員研修等のあらゆる場面において妥当すべき事柄であり、それらの具体的な展開方法等については他の識者による論考に譲ることとしたいが、今後の生徒指導に関わって重要となってくると筆者が考える視点・留意点等を若干提示しておきたい。

　生徒指導を含む学校教育の未来を具体的にリアリティを伴ったものとし

て考える上で前提とすべき事柄は現在進行中であり、かつ国民生活の在り方に影響を確実に与えている少子高齢化と人口減少という社会実態である。毎年の人口動態調査の結果を見れば、合計特殊出生率は近年も 1.4 程度で推移し、出生数も 1970 年代前半から若干の例外年を除き対前年度減の状況が継続中で、現在は 100 万人を下回る状況である。また日本の総人口も平成 20 年をピークに今後も毎年数十万人規模で減少し続ける見込みで、30〜40 年後には 1 億人を割り込むことが予想されており、さらに「平成 30 年度版情報通信白書」に記載された調査によれば、単独世帯の割合が経年的に増加していること（3 割以上）も明らかとなっている。

　かつて中央教育審議会・生涯学習分科会の家庭・地域の教育力の向上に関する特別委員会（平成 17 年）では、地域における人間関係の在り方（希薄化）等に関する各種データが提示されたことがある。近年のスマートフォンやインターネットの普及等によって従来は困難であったさまざまな出来事や情報に接したり、多様なコミュニケーションを図ることが可能となるなど国民生活の利便性が教育分野も含めて向上し人間関係も多様化している。その一方で、上述のとおり未曾有の人口減少・超高齢社会を迎えた我が国では生産年齢人口が減少し、核家族化や高齢者を中心とした単独世帯が進行・増加しており、また子育ての相談等に関しても近所の人よりも保護者同士の交流が中心となっているといった現状がある。こうした点からすれば、子どもが他者との関係性の中で経験していく成長過程はかつてのそれからは自ずと変容してきていると考えられる。また日本生徒指導学会編『現代生徒指導論』（学事出版、2015 年）でも 21 世紀の子どもが空間的・時間的に抱える問題として、①「身内」と「世間」が狭まり「赤の他人」が肥大化していること、②忙しい子どもが出現していること、③子どもの「大人化」が始まっていることも指摘されている。現代の子どもは一面において「豊かさの中の貧しさ」という危険性に直面しているものと捉えることもできると思われる。

　これは、教育課題の多様化等が指摘される中で、子どもの育ちについて大人も一層意識的に対応していくべきことの必要性を示唆するものとも言えるのであり、今後の学校教育においては従来以上に子どもに目を向け、

子どもがさまざまな経験を積み重ねながら成長するように導いていくという姿勢をもって実践していくことが極めて重要になってくると考えられる。

　そのような文脈で考えれば、生徒指導は「専ら問題行動対応として生徒指導主事が担当すべき事柄である」とする一部の風潮が妥当しないことは論を俟たないところである。そして、これまで国立教育政策研究所生徒指導・進路指導研究センターが公表してきた「魅力ある学校づくり調査研究事業」の研究結果や「子どもの社会性が育つ『異年齢の交流活動』―活動実施の考え方から教師用活動案まで―」等からも示唆されるように、普段の学級経営をはじめとして児童生徒に関わる多様な場面で取り組まれるべきものでもあり、また学習指導面も含めた日常の大小さまざまな工夫・実践を積み重ねることによってこそ、他者と関わりつつ自分でなんとかしようとする、起き上がり小法師のような底力・厚みのある子どもの育ちが実現されていくことになろう。

4　教育法制

　生徒指導をはじめとする教育活動は国民を代表する国会議員によって構成された国会が制定した法律やその下位規範に従って行われるものであり、教育法制の動向を把握・理解することは今後の生徒指導の在り方を考える上で必要になるものである。このため、本稿の最後に生徒指導に関わる教育法制のうち本稿に特に関連の深いものとして、教育基本法（平成18年法律第120号）、学校教育法（昭和22年法律第26号）を取り上げ、その枠組みや改正動向等について概略的に述べることとする。なお、生徒指導に関する教育法制としては、いじめ防止対策推進法（平成25年法律第71号）等種々のものが存在するし、また学校教育法の中でも懲戒や出席停止に関する事柄も規定されているが、その点は他の論考に譲ることとしたい。

（1）教育基本法の改正

❶ 教育法制の全体構造と教育基本法の重要性

　教育関係の法律には、学校教育や社会教育の各分野でさまざまなものが制定されており、学校教育においても学校教育全般（学校教育法など）、教

科用図書（教科書の発行に関する臨時措置法など）、教職員（教育公務員特例法など）、教育財政（義務教育費国庫負担法など）、地方教育行政組織（地方教育行政の組織及び運営に関する法律）等の各ジャンルに関して規定された多様な法律が効力を有している。

　これらの法律同士は一定の関連性を有しつつも上位・下位の関係にはないものであるが、教育法制における教育基本法の位置づけについては最高裁判決（昭和 51 年 5 月 21 日刑集第 30 巻 5 号 615 頁）によれば次のとおりである。即ち、（現行の教育基本法が改正される前の教育基本法（昭和 22 年法律第 25 号）について述べたものではあるが）「教基法は、憲法において教育のあり方の基本を定めることに代えて、わが国の教育及び教育制度全体を通じる基本理念と基本原理を宣明することを目的として制定されたものであつて、戦後のわが国の……最も重要な問題の一つとされていた教育の根本的改革を目途として制定された諸立法の中で中心的地位を占める法律であり、……それ故、同法における定めは、形式的には通常の法律規定として、これと矛盾する他の法律規定を無効にする効力をもつものではないけれども、一般に教育関係法令の解釈及び運用については、法律自体に別段の規定がない限り、できるだけ教基法の規定及び同法の趣旨、目的に沿うように考慮が払われなければならないというべき」と判示されている。

❷ 現行教育基本法のポイント

　上記最高裁判決で指摘された教育法制全体における教育基本法のもつ重さについては終戦直後の旧教育基本法の制定経緯をみても明らかである。そして、現行教育基本法は内閣総理大臣のもとに置かれた教育改革国民会議の報告（平成 12 年 12 月）や前出の中央教育審議会答申（平成 15 年 3 月）等を踏まえ、そうした重みをもつ旧教育基本法の全部を平成 18 年に改正して成立したものである。

　改正の考え方については、旧教育基本法の制定後半世紀以上が経過した 21 世紀の視点から教育の在り方を根本までさかのぼって検討を加え、旧教育基本法に定める普遍的な理念は大切にしつつ、変化に対応し、我が国と人類の未来への道を拓く人間の育成のために今後重視すべき理念を明確化

するというものであった。そして、育成すべき人間像として①知・徳・体の調和がとれ、生涯にわたって自己実現を目指す自立した人間、②公共の精神を尊び、国家・社会の形成に主体的に参画する国民、③我が国の伝統と文化を基盤として国際社会に生きる日本人を明確にするものであった。

　その改正内容は多岐にわたるが、本稿に上述した諸点との関係で特に重要なポイントとなるのは、①旧教育基本法における第1条（教育の目的）と第2条（教育の方針）の規定内容が整理されたこと、具体的には「人格の完成」や「平和で民主的な国家及び社会の形成者として必要な資質を備えた心身ともに健康な国民の育成」という「教育の目的」が引き続き第1条に規定されるとともにこうした「教育の目的」を実現するために重要と考えられる五つの「教育の目標」が第2条に規定されたこと、②「教育振興基本計画」に関する条項が新設されたことの2点である。特に第2条（教育の目標）については、同条第1号の「幅広い知識と教養を身に付け、真理を求める態度を養い、豊かな情操と道徳心を培うとともに、健やかな身体を養うこと。」をはじめとして関係教育法制に具体的・直接的に作用する重要規定である。また、各号については、知・徳・体を中心として教育が目指すべき基本的な事柄（第1号）、主として自分自身に係る事柄（第2号）、主として社会とのかかわりに係る事柄（第3号）、主として人としての生存や自然との共生に係る事柄（第4号）、主として日本人として国際社会とのかかわりの中で必要となる事柄（第5号）を各々規定したものとなっている。

（2）現行教育基本法制定後の平成19年の学校教育法一部改正

　上記（1）に記した現行教育基本法に規定された重要事項はその後、各教育法制において多層的に具体化されるが、特に現行教育基本法が制定された翌年には「学校教育法等の一部を改正する法律」（平成19年法律第96号）が成立している。学校教育法は旧教育基本法と同様に昭和22年に制定された法律であり、戦後の学制改革を受けた学校種や修業年限、学校に置かれる基本的な職種、設置認可権限、就学義務、体罰の禁止等のほか、教育課程に関する事項に係る文部科学大臣の権限（学習指導要領を定める法律上の根拠規定）など、実質的には「学校教育に係る組織及び運営等に

関する法律」ともいうべき内容を規定している。

　上記、平成 19 年法律第 96 号については学校教育法の分だけを見ても相当大幅な改正が行われているが、本稿との関係で特に重要な点は、現行教育基本法第 2 条等を踏まえた上で①幼稚園教育、義務教育として行われる普通教育、高等学校教育における目標が校種ごとに各号にわたって整備されたこと（第 21 条第 1 号〜第 10 号、第 51 条第 1 号〜第 3 号等）、②小学校段階から高等学校段階に至るまで「学力の 3 要素」に関する規定が整備されたこと（第 30 条第 2 項、第 49 条の 8、第 62 条等）である。

　このうち「学力の 3 要素」については上述の資質・能力の 3 本柱で整理された今般の学習指導要領の改訂や第 3 期教育振興基本計画に結実したものであり、また現在の高大接続改革（高等学校教育、大学教育、大学入学者選抜の一体改革）の基本コンセプトとして設定されているものでもある。このように見ると、教育基本法の全部改正が一つの重要起点となって現在の教育改革に着実に継受されていることがわかるのであり、また学習指導要領の総則冒頭において「各学校においては、教育基本法及び学校教育法……に示すところに従い」と記載されていることの意義が実感されよう。

5　おわりに

　かつて昭和の終わり頃に内閣総理大臣の諮問機関として設置されていた「臨時教育審議会」は 21 世紀に向けての教育のあるべき方向性を 4 次にわたる答申にまとめている。その第 1 次答申（昭和 60 年 6 月）では教育の現状について戦後教育の成果を評価しつつ「記憶力中心で、自ら考え判断する能力や想像力の伸長が妨げられ」ているとし、「人生 50 年型から 80 年型社会への転換の時期にさしかかっている」時代において「将来に向けて、教育の世界にいきいきとした活力と創造性、豊かな人間性と心の触れ合いを回復することが重要である」と述べた上で、改革の基本的考え方として個性重視の原則や基礎・基本の重視、創造性・考える力・表現力の育成等を打ち出している。

　他方、現在および今後の社会を取り巻くワードは「Society5.0」や「人生

100 年時代」、「持続可能な社会」、「2030」など多様なもので彩られているが、これらを見比べた際に強調されるべき点として、生徒指導の改善を含めた教育改革は詰まるところ、文部科学省設置法（平成 11 年法律第 96 号）に規定された同省所掌事務（第 4 条）の最重要事務である同条第 1 号にいう「豊かな人間性を備えた創造的な人材の育成」に向けられたものであり続けるのだと本稿の最後に結んでおきたい。

［参考文献］（本文記載以外のもの）
● 松尾知明著『新版　教育課程・方法論　コンピテンシーを育てる学びのデザイン』学文社、2018 年
● 日本生徒指導学会編「生徒指導学研究」第 9 号、学事出版、2010 年
● 片山紀子著『三訂版　入門生徒指導　「いじめ防止対策推進法」「チーム学校」「多様な子どもたちへの対応」まで』学事出版、2018 年
● 藤田主一・齋藤雅英・宇部弘子・市川優一郎編『生きる力を育む生徒指導』福村出版、2018 年
● 田中壮一郎監修、教育基本法研究会編『逐条解説　改正教育基本法』第一法規、2007 年
● 高見茂・開沼太郎・宮村裕子編『教育法規スタートアップ・ネクスト—Crossmedia Edition』昭和堂、2018 年

生徒指導の最終目標としての
「社会的なリテラシー」の涵養に
向けて

東京理科大学教職教育センター教授 　中村　豊

1　はじめに

　生徒指導は、戦後占領下の教育改革に伴い、新制「六三三四制」の中等教育を対象として導入され、その後、初等教育までを対象として現在に至っている。また、文部省は、生活指導とは異なる生徒指導の知識や技法を普及するために「生徒指導の手びき」（文部省、1965）を公刊し、続いて「生徒指導資料」を第 22 集「登校拒否問題への取組について　小学校・中学校編」（文部省編、1997）まで刊行している[1]。

　生徒指導の基本書である「生徒指導の手びき」は、非行問題の増加を踏まえ「生徒指導の手引（改訂版）」（文部省、1981）に改訂されたが、新たに「小学校段階から高等学校段階までの生徒指導の理論・考え方や実際の指導方法等について、時代の変化に即して網羅的にまとめた基本書」[2]として「生徒指導提要」（文部科学省、2010）が公刊された。生徒指導に関する歴史的な経緯および機能等については、「生徒指導の歴史」（石田 2017、2018）[3]の論考が参考となる。

　「生徒指導の手びき」では、生徒指導の目的を次のように述べている。「生徒指導は人間の尊厳という考え方に基づき、ひとりひとりの生徒を常に目的自身として扱う。それは、それぞれの内的価値をもった個人の自己実現を助ける過程であり、人間性の最上の発達を目的とするものである」[4]。そして、生徒指導の意義として、以下の 5 点を挙げている[5]。

　①個別的発達的な教育活動であること、②個性の尊重と社会的資質や行動力を高めること、③生活に即し、具体的実際的な活動であること、④全ての生徒を対象とすること、⑤統合的な教育であること。

ところで、前述のとおり生徒指導の基本書は3回にわたり改訂、作成されてきたが、このことについて上野（2011）[6]は、「生徒指導の概念やその理論の表現上の変化」について、先行研究を踏まえながら生徒指導の意義の変化を検討している。そこでは、現在の「さまざまな社会的影響等の理由」として、森田（2010）[7]が指摘した「『私事化（privatization）』という社会の動向がある」ことを挙げている。また、滝（2011）[8]は、「生徒指導提要」を読み解く中で、「社会の変化と生徒指導の重要性」について論じ、「生徒指導は、すべての児童生徒の自発的・主体的な成長・発達の促進や支援が生徒指導の目的です。」と論じている。

　本節では、「学校がその教育目標を達成するための重要な機能の一つである」[9]生徒指導は、教育活動として児童生徒にどのような資質・能力を育むことを目指しているのかについて、「社会的なリテラシー」を手がかりとして検討していく。

2　「（改正）教育基本法」が求める「社会を形成する資質・能力」

　「教育基本法」（平成18年12月22日、平成18年法律第120号）では、教育の目的（第1条）を「教育は、人格の完成を目指し、平和で民主的な国家及び社会の形成者として必要な資質を備えた心身ともに健康な国民の育成を期して行わなければならない。」とし、教育の目標（第2条）は、教育の目的を実現するため、五つに整理した目標を規定している[10]。続いて、義務教育の目的（第5条第2項）は、「義務教育として行われる普通教育は、各個人の有する能力を伸ばしつつ社会において自立的に生きる基礎を培い、また、国家及び社会の形成者として必要とされる基本的な資質を養うことを目的として行われるものとする。」と規定されている。

　以上、現行の教育基本法には、「国家及び社会の形成者として必要な資質」（第1条）、「国家及び社会の形成者として必要とされる基本的な資質」（第5条第2項）として、「社会の形成者として必要」である「資質」が規定されている。

　ところで、教育基本法では「資質」と示されているが、学校教育では資

質・能力と表すことが多い。この点について、教育基本法研究会（2007）[11]は、教育基本法における「資質」を次のように説明している。「本条において『資質』とは、能力や態度、性質などを総称するものであり、教育は、先天的な資質を更に向上させることと、一定の資質を後天的に身に付けさせるという両方の観点をもつものである。『国家及び社会の形成者として必要な資質』とは、具体的には、第2条各号に規定されている教育の目標の達成によって身に付けられるものであり、ここでは単に『必要な資質』とされている。」。また、文部科学省の中学校学習指導要領「総合的な学習の時間」[12]の目標では、「自ら課題を見付け、自ら学び、自ら考え、主体的に判断し、よりよく問題を解決する資質や能力を育成する」こととされており、「中学校学習指導要領解説 総合的な学習の時間編」では、「資質」と「能力」を区分して使用している。さらに、国立教育政策研究所（2013）[13]は、「資質・能力」を次のように捉えている。「本報告書では、『資質・能力』という用語を『スキル』より長期的かつ領域普遍的な『知識』『技能』等の総体として用いる。『資質』と『能力』の区別はせず、一体として扱う。」。

　上述したように「資質」と「能力」の捉え方には相違が見られるが、本節では、行政用語として使用される「資質・能力」を援用し、資質と能力を一体的に捉えていく。次に、「教育基本法」が求める「社会を形成する資質・能力」について考察していく。

　第1条に示された教育の目的を実現するために、第2条には教育が目指すべき目標として、柱書き及び第1号から第5号が示されている。教育基本法研究会（2007）によれば、その内容、つまり、「社会を形成する資質・能力」は、以下のように整理されている[14]。

　①知・徳・体を中心として教育が目指すべき基本的な事柄
　②主として自分自身に係る事柄
　③主として社会とのかかわりに係る事柄
　④主として人としての生存や、自然との共生に係る事柄
　⑤主として日本人として、国際社会とのかかわりの中で必要となる事柄
　上に挙げた内容の①は「生きる力」に該当し、②には個性の伸長、創造性の重視、自律心の涵養や、キャリア発達の必要性等の視点が見られる。

③の「公共の精神に基づき、主体的に社会の形成に参画し、その発展に寄与する態度」は、新学習指導要領[15]の前文に述べられた今後の教育の方向性と合致していると思われる。④は「持続可能な社会」(sustainable society)、⑤はグローバル化する社会への対応等と関連しており、現在の学校教育は、教育基本法と緊密な関係にある。

3　これからの日本社会を「生きる力」とは
（生徒指導の育成目標を「自己指導力」に置くだけで充分なのか）

前項では、教育基本法の目的および目標から「社会を形成する資質・能力」について考察してきたが、児童生徒の教育に直接的に係る法律は学校教育法である。学校教育法は教育基本法を上位法として、教員の職務、学習指導の目標、教育課程編成等について規定している。

学校教育法第30条には小学校の「学習指導の目標」が、第30条第2項[16]には学力の3要素が示されている。これを要約すると、小学校における「学習指導の目標」は、「生涯にわたり学習する基盤」を培うために、次の3要素からなる学力を身につける点にある。すなわち、①基礎的な知識および技能を習得させる。②思考力、判断力、表現力その他の能力をはぐくむ。③主体的に学習に取り組む態度を養う。それらの目標は、「小学校学習指導要領」（平成29年）に示された改訂の基本方針[17]とも重なる点である。

次に、「学習指導」と「生きる力」について述べる。

学校は、学習指導要領を踏まえ教育課程を編成し、児童生徒の「生きる力」を育んでいる。この「生きる力」は、中央教育審議会答申「21世紀を展望した我が国の教育の在り方について（第1次答申）」（平成8年7月19日）において提言された概念である。その答申の「はじめに」では、以下のように述べられている。

　今後における教育の在り方として、［ゆとり］の中で、子供たちに［生きる力］をはぐくんでいくことが基本であると考えた。そして、［生き

る力」は、学校・家庭・地域社会が相互に連携しつつ、社会全体ではぐくんでいくものであり、その育成は、大人一人一人が、社会のあらゆる場で取り組んでいくべき課題であると考えた。

　その後、平成10年度告示の小学校および中学校学習指導要領では、児童生徒の「生きる力」を育成することが明記され、平成11年度に告示された高等学校学習指導要領にも継承され、現在に至っている。

　なお、「生きる力」とは、「確かな学力（知）」、「豊かな人間性（徳）」、「健康体力（体）」のバランスのとれた総合的な力を意味する概念であり、教科および教科外の学習指導をはじめ、あらゆる教育活動を通して養成される力として理解されている。また、新「学習指導要領」[18]では、「生きる力」の育成は、教育課程全体を通して児童生徒に育む資質・能力と重なることであり、それを三つの柱（「知識及び技能」「思考力、判断力、表現力等」「学びに向かう力、人間性等」）で整理している。

　ところで、生徒指導には、究極の目標として「自己指導能力」の育成が挙げられている。このことについて、以下に述べる。

　「生徒指導の手引（改訂版）」では、「生徒指導の手びき」において示された「生徒指導の意義と課題」および「生徒指導の原理」の内容についての変更は見られない。そこでは、「自己指導の助成」として、三つの方法原理が論じられている[19]。「生徒指導提要」にある「自己指導能力」という用語は、「生徒指導資料　第20集」（文部省、昭和63年）[20]以降に使用されるようになったと思われる。「生徒指導資料　第20集」（以下、「第20集」と表す。）の「まえがき」冒頭には、以下のように記されている。

　　生徒は、一人一人が様々な可能性を持ち、潜在能力を持ったかけがえのない存在です。生徒指導とは、このような生徒一人一人が、将来において社会的自己実現を図ることができるよう自己指導能力を育成することを目標とするものであり、学校教育活動の全体を通して積極的に進められるべきものです。

また、第 20 集の第 1 章第 1 節では、「生徒指導の今日的意義」として、生徒指導を以下のように定義している。

　　生徒指導とは、本来、一人一人の生徒の個性の伸長を図りながら同時に社会的な資質や能力・態度を育成し、さらに将来において社会的に自己実現ができるような資質・能力を形成していくための指導・援助であり、個々の生徒の自己指導能力の育成を目指すものである。そして、それは学校がその教育目標を達成するためには欠くことのできない重要な機能の一つなのである。

　上に引用した生徒指導の定義は、「生徒指導提要」で示された生徒指導の定義[21]の基になっているものと考えているが、第 20 集の生徒指導の定義には「自己指導能力の育成を目指すもの」とされている点に差異が見られる。また、第 20 集における「自己指導能力」は、第 1 章第 2 節の「生徒指導の基本と今後の指導の在り方」において、次のように説明されている。

　　自己指導能力には、自己をありのままに認め（自己受容）、自己に対する洞察を深めること（自己理解）、これらを基盤に自らの追求しつつある目標を確立し、また明確化していくこと、そしてこの目標の達成のため、自発的、自律的に自らの行動を決断し、実行することなどが含まれる。そして生徒が、ダイナミックな日常生活のそれぞれの場でどのような選択が適切であるか、自分で判断して実行し、またそれらについて責任をとるという経験を広く持つことの積み重ねを通じて自己指導能力はその育成が図られる[22]。

　上に引用した自己指導能力に関する説明は、「生徒指導の手びき」以降に継承されてきた生徒指導の原理・方法と重なる点が多い。坂本（1990）[23]によれば、生徒指導では、生徒が自分で自分のことを指導していく力（自己指導能力）を身につけていくことにあるとされている。
　ところで、学校教育には、変化が激しく、ますます多様化・複雑化する

現在社会において求められる資質・能力を育成することが期待されている。例えば、経済産業省（2006）からは「社会人基礎力」[24]の育成が提唱されている。また、日本では選挙権が18歳に引き下げられたが、投票率は低迷しており、若者の社会参画の意識の低さが課題となっている。他方、近年のさまざまな自然災害や事故を教訓とした防災能力等、学校教育には多様な資質・能力を育成することが求められている。

　それらを踏まえると、新「小学校学習指導要領解説　総則編」においても、生徒指導の目標を「自己指導能力の育成」[25]だけにとどめておくだけでは、学校教育の目的を達成するための十分な機能とは言えない現状があると思われる。この点について、「生徒指導提要」では、新しい概念として「社会的なリテラシー（社会を読み解く力）」[26]を挙げ、最終章において「生徒指導の最終目的は社会的なリテラシーの育成にあるといえます。」[27]としている。

　この「社会的なリテラシー」については、本節の最終項で後述する。

4　道徳教育・特別活動と「公共を基軸とした生徒指導」

　「生徒指導の手引（改訂版）」と「生徒指導提要」では、「道徳教育と生徒指導との相互関係」について、右頁の**表**のように述べている。

　表に示したとおり、「生徒指導提要」は、小学校までを対象とし、読者も教員だけに想定していないため、文体が「です・ます調」となり、具体的な記述が多くなっている。また、道徳教育で育成する資質・能力の説明も異なっている。

　これからの義務教育段階の学校教育では、教科外であった「道徳の授業」が「特別の教科　道徳」となることから、生徒指導との相互関係について、より詳細な説明が求められる。

　他方、特別活動の前身にあたる「特別教育活動」は、「全人教育」[28]であるとの視点から重視されていた。このことについて中村（2010）は、「特別活動と生徒指導」[29]の関連について以下のことを指摘している。

　　特に、「公民としての訓練」として生徒の自治的活動や、「生徒会の基

第1章　これからの日本社会と生徒指導

表　道徳教育に関する新旧対応　　※下線は筆者加筆

「生徒指導の手引（改訂版）」	「生徒指導提要」
生徒指導と道徳教育	道徳教育における生徒指導
道徳教育は、学校における教育活動全体を通じて行うものとされている。生徒指導も、同様に、教育活動の全面において行う性質のものである。しかし、道徳教育は、生徒の価値観の形成を直接のねらいとするものであるのに対して、生徒指導では、生徒一人一人の具体的な日常の問題について援助し、指導する場合が多い。 　このように、両者の性格や機能は異なっているが、同時に、両者は緊密な関係が見られる。	学校における道徳教育は、豊かな心をはぐくみ、人間としての生き方の自覚を促し、児童生徒の道徳性を育成することをねらいとする教育活動で、要としての道徳の時間の授業（以下「道徳の授業」という。）をはじめ各教科や外国語活動、総合的な学習の時間、特別活動など教育活動全体を通じて行うものです。生徒指導も、教育活動のあらゆる場面において行う機能としての性質を持っています。しかし、道徳教育は、児童生徒の道徳的心情、判断力、実践意欲や態度などの道徳性の育成を直接的なねらいとしているのに対して、生徒指導は、児童生徒一人一人の日常的な生活場面における具体的な問題について指導する場合が多くなります。つまり、生徒指導は道徳的実践の指導において重要な役割を担っているといえます。このように両者の性格や機能は異なっていますが、両者には密接な関係があります。

盤としてのホームルーム」とその組織等（クラブを含む）が詳細に記述されている。これらのことから、生徒指導と特別活動の間には緊密な関係があり、民主主義教育を具現化するための方策として同時期に誕生していることを確認できる。

坂本（昭和43年）は、次のように指摘している。「ガイダンスの一つの活動領域としてのホームルームに関心があつまり、特別教育活動、児童会、クラブ活動などについての研究や実践が発生した。そして教育の現場においてはガイダンス即特別教育活動として理解されるほどであった」[30]。この指摘は、生徒指導と特別活動との関連性を考察するうえで、示唆に富むものであるといえよう。

29

また、「生徒指導提要」には、「生徒指導のねらいである自己指導能力や自己実現のための態度や能力の育成は、特別活動の目標と重なる部分もあります。

　この意味で、特別活動と生徒指導は密接な関係にある」こと、「特別活動における集団活動には、生徒指導の機能が生かされる場や機会が多い」[31]ことが述べられている。

　「中学校学習指導要領解説 特別活動編」(2017)[32]では、新たに特別活動を定義している。また、特別活動を指導する上で重要な視点を「人間関係形成」「社会参画」「自己実現」の3点に整理し、以下のとおり目標を定めている。

　　集団や社会の形成者としての見方・考え方を働かせ、様々な集団活動に自主的、実践的に取り組み、互いのよさや可能性を発揮しながら集団や自己の生活上の課題を解決することを通して、次のとおり資質・能力を育成することを目指す。

　　（1）多様な他者と協働する様々な集団活動の意義や活動を行う上で必要となることについて理解し、行動の仕方を身に付けるようにする。

　　（2）集団や自己の生活、人間関係の課題を見いだし、解決するために話し合い、合意形成を図ったり、意思決定したりすることができるようにする。

　　（3）自主的、実践的な集団活動を通して身に付けたことを生かして、集団や社会における生活及び人間関係をよりよく形成するとともに、自己の生き方についての考えを深め、自己実現を図ろうとする態度を養う。

　以上、道徳教育および特別活動と生徒指導との関係について見てきたが、今後の学校教育において、それらをつなぐものの一つは「公共」を基軸とした生徒指導である。教育基本法第2条第3項には、「公共の精神に基づき、主体的に社会の形成に参画し、その発展に寄与する態度」が規定され

ている。教育基本法研究会（2007）は、このことを以下のように説明している[33]。

> 「公共」とは、社会全体に関することであり、「公共の精神」とは、社会全体の利益のために尽くす精神をいう。より具体的には、政治や社会に関する豊かな知識や判断力、批判的精神をもって自ら考え、社会に主体的に参画し、公正なルールを形成し遵守する精神をいう。

　臨時教育審議会答申[34]以降、これまでの学校教育は、「個性重視」の教育を大切にしてきた。このことは、生徒指導の意義である「個性の伸長を図り」に資することであるが、「社会的資質や行動力を高めることを目指して行われる教育活動」をあらためて検討していくことも求められている。そのことが、新学習指導要領の「前文」にある「よりよい学校教育を通してよりよい社会を創るという理念を」具現化していくことへの第1歩となる。次に、どのような資質・能力を児童生徒に育成するのかについて、「社会的なリテラシー」を手がかりとして考察していく。

5 「生徒指導提要」が掲げる生徒指導の最終目標としての「社会的なリテラシー」について

　「生徒指導提要」において「社会的なリテラシー」という語句は4箇所に見ることができる。そこでは「社会的なリテラシー」を以下のように説明している[35]。

> 使いこなすための能力のことをリテラシーと呼びます。社会の形成者としての資質と能力を培うためには、もう1つ、様々なリテラシーを学ぶことも必要です。言葉や情報に関するリテラシー、学習態度や学びのスキルなど学びに関するリテラシー、対人関係リテラシー、基本的な生活習慣を始めとする日常生活や規範意識、公共の精神を含めた社会生活にかかわるリテラシーなど、様々な生活資源や社会的な場面

にかかわるリテラシーがあります。これらは人々が社会のなかで生活し、個々の幸福の実現と社会を発展させていくための包括的・総合的な「社会的なリテラシー」と呼び得るものの基盤となるものです。

　上に引用した説明には、言語に関するリテラシーのほかにも、情報リテラシーのように、さまざまなリテラシーがあることを挙げ、「私事化社会」と「公共」をつなぐ可能性としての「社会的なリテラシー」の基盤を提示している。この「社会的なリテラシー」は学術用語ではないため、「生徒指導提要」では、次のように定義している。「単に、知識や技術、断片的な個々のリテラシー、社会的な資質や能力を身に付けるだけではなく、社会のなかで、その時々の状況を判断しながら、それらを適切に行使することによって、個人や社会の目的を達成していく包括的・総合的な能力。」

　続いて、「生徒指導の最終目的は社会的なリテラシーの育成にあるといえます。」と述べ、このことが、「国家・社会の形成者としての人格の完成であり、自己指導能力や課題解決能力の育成にもつながる生徒指導の最終目標である」ことを提言している。

　そのために、学校教育には、「生徒指導の目標と教育の使命を果たしていくこと」の重要性と、これからの社会において、「人々の個々の幸福の実現と社会の発展を展望するとき、社会の形成者としての資質を涵養する生徒指導こそが鍵となる」ことを示唆して「生徒指導提要」の本文を終えている。

　以上、「社会的なリテラシー」について見てきたが、本節の最後に、特に生徒指導において育成される資質・能力について述べる。

　既述のごとく「小学校学習指導要領解説 総則編」の「前文」では、改訂の基本方針３点を挙げている。その中の「学びに向かう力、人間性等」は、情意や態度等に関わるものである。この情意や態度等は、言い換えるならば「非認知的能力（社会情動的能力）」となる。この用語は、国立教育政策研究所の「非認知的（社会情緒的）能力の発達と科学的検討手法についての研究に関する報告書」（2017 年３月）で使用され、そこでは、IQ のような認知能力以外の能力を「非認知的能力」とし、「社会情緒的コンピテンス

第1章　これからの日本社会と生徒指導

(Social and Emotional Competence)」に視座を置いた研究に取り組んでいる。この社会情緒的コンピテンスは、次のように説明されている。

> 「自分と他者・集団との関係に関する社会的適応」及び「心身の健康・成長」につながる行動や態度、そしてまた、それらを可能ならしめる心理的特質を指すものとする。

　また、本研究では三つの下位領域を設けている。すなわち、①自分に関する領域（自分、自己に関する行動や態度および心理的特質）。②他者・集団に関する領域（他者や他者集団等、個人が関係を築く相手に対する行動や態度、心理的特質）。③自己と他者・集団との関係に関する領域（対人関係、社会や環境と自分の関係に関する行動や態度、心理的特質）。これらの領域は、「社会的なリテラシー」とも重なる点があり、生徒指導で育成する基本的な資質・能力[36]（「自発性・自主性」「自律性」「主体性」）および「自己指導能力」を包括した「社会的なリテラシー」の育成を考える上で参考になると思われる。

　これまでの生徒指導を検証していくとともに、これからの生徒指導の可能性を拓いていくために、「社会的なリテラシー」の考え方を教育実践において具現化していく、理論と実践の往還が不可欠であることを指摘し、本節を終える。

[注]

1　文部省が文部科学省に改組されて以降は、文部科学省国立教育政策研究所生徒指導研究センターが「生徒指導資料」を編集し、「第1集（改訂版）生徒指導上の諸問題の推移とこれからの生徒指導 ─データに見る生徒指導の課題と展望─」（2009）から「第4集 学校と関係機関等との連携 ～学校を支える日々の連携～」（2011）まで刊行されている。

2　文部科学省「生徒指導提要」教育出版、2010年、まえがき。

3　石田美清「生徒指導の歴史 第1回」『月刊生徒指導』第47巻4号（2017年、pp.60-63）から「生徒指導の歴史 第12回」『月刊生徒指導』第48巻3号（2018年、pp.72-75）まで12回にわたり連載された論文。

4　文部省「生徒指導の手びき」大蔵省印刷局、昭和40年、p.11。

5　同上、pp.1-6の「第1節　生徒指導の意義」には、以下の項が挙げられている。

　1　生徒指導は、個別的かつ発達的な教育を基礎とするものである。

　2　生徒指導は、一人一人の生徒の人格の価値を尊重し、個性の伸長を図りながら、同時に社会的

33

　　　　な資質や行動を高めようとするものである。

　　3　生徒指導は、生徒の現在の生活に即しながら、具体的、実際的な活動として進められるべきである。

　　4　生徒指導は、すべての生徒を対象とするものである。

　　5　生徒指導は、総合的な活動である。

6　上野和久「『生徒指導の手引』（1981 年）と『生徒指導提要』（2010 年）の比較研究 ―『生徒指導の意義』における記述方法・意味内容の比較を通して―」『和歌山大学教育学部実践総合センター紀要』No.21、2011 年、p.84。

7　森田洋司「『生徒指導提要』とこれからの生徒指導」『生徒指導研究』第 9 号、学事出版、2010 年、p.12。

8　滝充「小学校からの生徒指導 ～『生徒指導提要』を読み進めるために～」『国立教育政策研究所紀要』第 140 集、平成 23 年、pp.301-312。

9　文部省『生徒指導の手引（改訂版）』大蔵省印刷局、昭和 56 年、p.1。

10　教育は、その目的を実現するため、学問の自由を尊重しつつ、次に掲げる目標を達成するように行われるものとする。

　　1．幅広い知識と教養を身に付け、真理を求める態度を養い、豊かな情操と道徳心を培うとともに、健やかな身体を養うこと。

　　2．個人の価値を尊重して、その能力を伸ばし、創造性を培い、自主及び自律の精神を養うとともに、職業及び生活との関連を重視し、勤労を重んずる態度を養うこと。

　　3．正義と責任、男女の平等、自他の敬愛と協力を重んずるとともに、公共の精神に基づき、主体的に社会の形成に参画し、その発展に寄与する態度を養うこと。

　　4．生命を尊び、自然を大切にし、環境の保全に寄与する態度を養うこと。

　　5．伝統と文化を尊重し、それらをはぐくんできた我が国と郷土を愛するとともに、他国を尊重し、国際社会の平和と発展に寄与する態度を養うこと。

11　教育基本法研究会編集、田中壮一郎監修『逐条解説 改正教育基本法』第一法規、2007 年、Kindle 版（Kindle の位置 No.615-619）。

12　文部科学省「中学校学習指導要領解説 総合的な学習の時間編」平成 20 年 7 月。

13　国立教育政策研究所教育課程研究センター編「社会の変化に対応する資質や能力を育成する教育課程編成の基本原理（教育課程の編成に関する基礎的研究報告書 5）」国立教育政策研究所、2013 年、p.6。

14　教育基本法研究会編集、田中壮一郎監修『逐条解説 改正教育基本法』第一法規、2007 年、Kindle 版（Kindle の位置 No.624-726）。

15　文部科学省「小学校学習指導要領解説 総則編」平成 29 年。

16　「前項の場合においては、生涯にわたり学習する基盤が培われるよう、基礎的な知識及び技能を習得させるとともに、これらを活用して課題を解決するために必要な思考力、判断力、表現力その他の能力をはぐくみ、主体的に学習に取り組む態度を養うことに、特に意を用いなければならない。」

17　文部科学省「小学校学習指導要領解説 総則編」（平成 29 年 6 月）、前文より。
　　「今回の改訂では、知・徳・体にわたる『生きる力』を子供たちに育むために（中略）全ての教科等の目標及び内容を『知識及び技能』、『思考力、判断力、表現力等』、『学びに向かう力、人間性等』の 3 つの柱で再整理した。」

18　「小学校学習指導要領」および「中学校学習指導要領」は 2017 年 3 月に公示され、「高等学校学習指導要領」は 2018 年 3 月に公示された。

19　文部省「生徒指導の手引（改訂版）」大蔵省印刷局、昭和 56 年、pp.12-19。第 2 章第 2 節では、「自己指導の発達を図ることは、生徒指導の究極的な目標の一つであるが、その助成のためには、自発

性、自律及び自主性の促進が課題になる。」と述べられている。また、「生徒自身が自主的に自己指導を進めていく」「自己指導を進めていく」「自己指導を助成する」等の記述が次の各項において見られる。「1 自発性、自律性、自主性」「2 目標の確立と明確化」「3 自己理解と自己受容」。しかしながら、「自己指導能力」という語句は使用されていない。

20 文部省「生活体験や人間関係を豊かなものとする生徒指導―いきいきとした学校づくりの推進を通じて― ―中学校・高等学校編―」(「生徒指導資料」第 20 集、「生徒指導研究資料」第 14 集) 大蔵省印刷局、昭和 63 年。

21 文部科学省「生徒指導提要」2010 年、p.1。
生徒指導とは、一人一人の児童生徒の人格を尊重し、個性の伸長を図りながら、社会的資質や行動力を高めることを目指して行われる教育活動のことです。

22 文部省「生活体験や人間関係を豊かなものとする生徒指導―いきいきとした学校づくりの推進を通じて― ―中学校・高等学校編―」p.16。

23 坂本昇一『生徒指導の機能と方法』文教書院、1990 年、p.11。

24 経済産業省「社会人基礎力に関する研究会―『中間取りまとめ』―」平成 18 年 1 月 20 日 (参照日 2018/09/01) http://www.meti.go.jp/policy/kisoryoku/chukanhon.pdf

25 文部科学省「小学校学習指導要領解説 総則編」2017 年、p.98。
自己指導能力については、以下の説明がある。
「学校教育において、生徒指導は学習指導と並んで重要な意義をもつものであり、また、両者は相互に深く関わっている。各学校においては、生徒指導が、一人一人の児童の健全な成長を促し、児童自ら現在及び将来における自己実現を図っていくための自己指導能力の育成を目指すという生徒指導の積極的な意義を踏まえ、学校の教育活動全体を通じ、学習指導と関連付けながら、その一層の充実を図っていくことが必要である。」

26 文部科学省「生徒指導提要」P.203。

27 同上、p.204。

28 文部省初等中等教育局編『中学校・高等学校の生徒指導』日本教育振興会、昭和 24 年 7 月 1 日、p.277。

29 中村豊『教育学論究』第 2 号、関西学院大学教育学部、2010 年 12 月、pp.115-126。

30 坂本昇一「わが国における生徒指導の歴史」飯田芳郎・沢田慶輔・鈴木清・樋口幸吉 編集『生徒指導事典』第一法規、昭和 43 年、p.25。

31 文部科学省「生徒指導提要」pp.32-33。

32 文部科学省「中学校学習指導要領解説 特別活動編」(平成 29 年 6 月) p.12。

33 教育基本法研究会編集、田中壮一郎監修『逐条解説 改正教育基本法』Kindle 版 (Kindle の位置 No. 849-852)。

34 臨時教育審議会から提言された答申は、以下のとおりである。
第 1 次答申 (1985 年)「我が国の伝統文化、日本人としての自覚、6 年制中等学校、単位制高等学校、共通テスト」
第 2 次答申 (1986 年)「初任者研修制度の創設、現職研修の体系化、適格性を欠く教師の排除」
第 3 次答申 (1987 年)「教科書検定制度の強化、大学教員の任期制」
第 4 次答申 (1987 年)「個性尊重、生涯学習、変化への対応」

35 文部科学省「生徒指導提要」p.240。

36 同上、p.11。

第2章

新学習指導要領と
生徒指導

I 新学習指導要領における
生徒指導の位置づけ

元文部科学省大臣官房総括審議官　**徳久治彦**

1　はじめに

　これまで学習指導要領は、時代の変化や子どもたちの状況、社会の要請等を踏まえ、おおよそ 10 年ごとに、数次にわたり改訂されてきた。8 回目の全面改訂となる今回は、平成 28 年 12 月 21 日の中央教育審議会答申「幼稚園、小学校、中学校、高等学校及び特別支援学校の学習指導要領等の改善及び必要な方策等について（答申）」（以下「中教審答申」という。）に基づき、平成 29 年 3 月 31 日に幼稚園教育要領および小学校・中学校学習指導要領の改訂について、同年 4 月 28 日に特別支援学校学習指導要領（幼稚部および小学部・中学部）の改訂について、平成 30 年 3 月 31 日に高等学校学習指導要領の改訂について告示がなされた。新たな学習指導要領は、一定の周知・移行期間を経て、幼稚園教育要領は平成 30 年度から全面実施、小学校学習指導要領は平成 32 年度から全面実施、中学校学習指導要領は平成 33 年度から全面実施、高等学校学習指導要領は平成 34 年度から年次進行により段階的に実施されることとなっている。

　本節では、新たな学習指導要領において生徒指導がどのように位置づけられているか、改訂前の学習指導要領と比較しながら概観する。

2　新学習指導要領における生徒指導の位置づけ

　改訂後の小学校学習指導要領、中学校学習指導要領および高等学校学習指導要領において、生徒指導は、総則と特別活動に位置づけられている（特別支援学校小学部・中学部学習指導要領については総則のみ）。

第2章　新学習指導要領と生徒指導

　新学習指導要領の総則については、改訂の趣旨が教育課程の編成や実施
に生かされるようにする観点から、①資質・能力の育成を目指す「主体的・
対話的で深い学び」の実現に向けた授業改善を進める、②カリキュラム・
マネジメントの充実、③児童生徒の発達の支援、家庭や地域との連携・協
働を重視するなどの改善が行われた。これらのうち、特に③については、
小学校・中学校・高等学校および特別支援学校の各学習指導要領において、
児童生徒の「発達の支援」に係る項目が新設され、児童生徒一人一人の発
達を支える視点から、学級経営や生徒指導、キャリア教育の充実等につい
て示されることとなった。

　新たな小学校学習指導要領の総則における生徒指導に関する記述は次の
とおりである（中学校・高等学校の新学習指導要領における記述も概ね同
様であることから、小学校学習指導要領のみ抜粋する。以下同じ）。

○小学校学習指導要領（平成 29 年告示）

第1章　総則
　第4　児童の発達の支援
　　1　児童の発達を支える指導の充実
　　　　教育課程の編成及び実施に当たっては、次の事項に配慮する
　　　ものとする。
　　（1）学習や生活の基盤として、教師と児童との信頼関係及び児
　　　　童相互のよりよい人間関係を育てるため、日頃から学級経営
　　　　の充実を図ること。また、主に集団の場面で必要な指導や援
　　　　助を行うガイダンスと、個々の児童の多様な実態を踏まえ、
　　　　一人一人が抱える課題に個別に対応した指導を行うカウンセ
　　　　リングの双方により、児童の発達を支援すること。
　　　　　あわせて、小学校の低学年、中学年、高学年の学年の時期
　　　　の特長を生かした指導の工夫を行うこと。
　　（2）児童が、自己の存在感を実感しながら、よりよい人間関係
　　　　を形成し、有意義で充実した学校生活を送る中で、現在及び将

来における自己実現を図っていくことができるよう、児童理解を深め、学習指導と関連付けながら、生徒指導の充実を図ること。

この他、新学習指導要領の総則においては、

● 不登校児童（生徒）など特別な配慮を必要とする児童（生徒）へ指導する際の留意事項

● 教育課程の編成及び実施にあたっては、学校保健計画、学校安全計画、食に関する指導の全体計画、いじめの防止等のための対策に関する基本的な方針など、各分野における学校の全体計画等と関連付けながら、効果的な指導が行われるように留意すること

● 道徳教育の指導内容については、いじめの防止や安全の確保等にも資することとなるよう留意すること

など、生徒指導上の諸課題と関連した記述がなされている。

　また、新学習指導要領の特別活動については、特別活動の目標の実現のため、学校の教育活動全体の中における特別活動の役割も踏まえて、学習指導の改善・充実が求められている。その内容として、いじめの未然防止等を含めた生徒指導との関連を図ること、学校生活への適応や人間関係の形成などについて、主に集団の場面で必要な指導や援助を行うガイダンスと、個々の児童生徒の多様な実態を踏まえ一人一人が抱える課題に個別に対応した指導を行うカウンセリングの双方の趣旨を踏まえて指導を行うことが挙げられている。

　新学習指導要領の特別活動における生徒指導に関する記述は次のとおりである。

○小学校学習指導要領（平成 29 年告示）

第 6 章　特別活動
　第 3　指導計画の作成と内容の取扱い

1　指導計画の作成に当たっては、次の事項に配慮するものとす
　　　る。
　　（3）学級活動における児童の自発的、自治的な活動を中心とし
　　　　て、各活動と学校行事を相互に関連付けながら、個々の児童
　　　　についての理解を深め、教師と児童、児童相互の信頼関係を
　　　　育み、学級経営の充実を図ること。その際、特に、いじめの
　　　　未然防止等を含めた生徒指導との関連を図るようにすること。
　　2　第2の内容の取扱いについては、次の事項に配慮するものと
　　　する。
　　（3）学校生活への適応や人間関係の形成などについては、主に
　　　　集団の場面で必要な指導や援助を行うガイダンスと、個々の
　　　　児童の多様な実態を踏まえ、一人一人が抱える課題に個別に
　　　　対応した指導を行うカウンセリング（教育相談を含む。）の双
　　　　方の趣旨を踏まえて指導を行うこと。特に入学当初や各学年
　　　　のはじめにおいては、個々の児童が学校生活に適応するとと
　　　　もに、希望や目標をもって生活できるよう工夫すること。あ
　　　　わせて、児童の家庭との連絡を密にすること。

3　新学習指導要領総則における生徒指導のポイント

　前項では、新学習指導要領の本文において、生徒指導が、総則と特別活
動に位置づけられていることを確認した。本項では、新学習指導要領の解
説を参照しながら、総則における生徒指導に関する記述のポイントを具体
的に見ていくこととしたい。なお、以下では、主に小学校学習指導要領に
ついて記述するが、中学校・高等学校学習指導要領についても大きく異な
るものではない。

　旧学習指導要領（平成20〜21年改訂）総則においては、生徒指導に関し
て、「日ごろから学級経営の充実を図り、教師と児童の信頼関係及び児童相
互の好ましい人間関係を育てるとともに児童理解を深め、生徒指導の充実

を図ること」と記されていた。

　この点、新学習指導要領総則においては、日ごろから学級経営の充実を図ることとあわせて、①ガイダンスとカウンセリングの双方により、児童の発達を支援すること、②児童が自己の存在感を実感しながら……現在及び将来における自己実現を図っていくことができるようすること、③学習指導と生徒指導を関連付けることが、新たに明記されたものである。

　なお、小学校学習指導要領においては、学年の時期の特徴を生かした指導の工夫を行うこともあわせて明記されている。これは、小学校の6年間は児童の発達にとって大きな幅のある期間であり、低学年、中学年、高学年の発達の段階に応じて、それぞれの特徴があることから特に記述がなされたものである。

（1）ガイダンスとカウンセリングによる発達の支援

　①ガイダンスとカウンセリングの双方により、児童の発達を支援することについては、「小学校学習指導要領解説（平成29年告示）総則編」（平成29年7月、文部科学省。以下「解説（総則編）」という。）では、以下のように解説されている（傍線は引用者による。以下同じ。）。

第3章　教育課程の編成及び実施
　第4節　児童の発達の支援
　1　児童の発達を支える指導の充実
　（1）学級経営、児童の発達の支援（第1章第4の1の（1））
　　　児童の発達の特性や教育活動の特性を踏まえて、あらかじめ適切な時期や機会を設定し、主に集団の場面で必要な指導や援助を行うガイダンスと、個々の児童が抱える課題を受け止めながら、その解決に向けて、主に個別の会話・面談や言葉がけを通して指導や援助を行うカウンセリングの双方により、児童の発達を支援することが重要である。
　　　第6章特別活動の「第3　指導計画の作成と内容の取扱い」の2（3）において「学校生活への適応や人間関係の形成などについては、主に集団の場面で必要な指導や援助を行うガイダンスと、

第2章　新学習指導要領と生徒指導

個々の児童の多様な実態を踏まえ、一人一人が抱える課題に個別に対応した指導を行うカウンセリング（教育相談を含む。）の双方の趣旨を踏まえて指導を行うこと。」とあるが、このような特別活動における配慮をはじめ、各教科等でもその機能を生かすなど、<u>学校の教育活動全体を通じてガイダンスとカウンセリングの機能を充実していくことが大切</u>である。

　傍線部にあるとおり、ガイダンスは「主に集団の場面で必要な指導や援助を行う」ものであり、カウンセリングは「主に個別の会話・面談や言葉がけを通して指導や援助を行う」ものである。そして、学校の教育活動全体を通じて双方の機能を充実させ、児童（生徒）の発達を支援していくことが求められている。

（2）現在および将来における自己実現等

　次に、②児童が自己の存在感を実感しながら……現在および将来における自己実現を図っていくことができるようすることについては、「解説（総則編）」では、以下のように解説されている。

第3章　教育課程の編成及び実施
　第4節　児童の発達の支援
　1　児童の発達を支える指導の充実
　（2）生徒指導の充実（第1章第4の1の（2））
　　　<u>生徒指導は、学校の教育目標を達成するために重要な機能の一つであり、一人一人の児童の人格を尊重し、個性の伸長を図りながら、社会的資質や行動力を高めるように指導、援助するものである</u>。すなわち、生徒指導は、全ての児童のそれぞれの人格のよりよき発達を目指すとともに、学校生活が全ての児童にとって有意義で興味深く、充実したものになるようにすることを目指すものであり、単なる児童の問題行動への対応という消極的な面だけにとどまるものではない。
　　　（中略）

43

学校教育は、集団での活動や生活を基本とするものであり、学級や学校での児童相互の人間関係の在り方は、児童の健全な成長と深く関わっている。児童一人一人が自己の存在感を実感しながら、共感的な人間関係を育み、自己決定の場を豊かにもち、自己実現を図っていける望ましい集団の実現は極めて重要である。すなわち、自他の個性を尊重し、互いの身になって考え、相手のよさを見付けようと努める集団、互いに協力し合い、主体的によりよい人間関係を形成していこうとする集団、言い換えれば、好ましい人間関係を基礎に豊かな集団生活が営まれる学級や学校の教育的環境を形成することは、生徒指導の充実の基盤であり、かつ生徒指導の重要な目標の一つでもある。

　ここでは、生徒指導の意義や目標が明確に位置づけられているとともに、好ましい人間関係を基礎とする豊かな教育的環境を形成することが、生徒指導の基盤かつ目標となることが記されている。

（3）学習指導と生徒指導の関連づけ

　最後に、③学習指導と生徒指導を関連づけることについては、「解説（総則編）」では、以下のように解説されている。

第3章　教育課程の編成及び実施
　第4節　児童の発達の支援
　1　児童の発達を支える指導の充実
　（2）生徒指導の充実（第1章第4の1の（2））
　　学校教育において、生徒指導は学習指導と並んで重要な意義をもつものであり、また、両者は相互に深く関わっている。各学校においては、生徒指導が、一人一人の児童の健全な成長を促し、児童自ら現在及び将来における自己実現を図っていくための自己指導能力の育成を目指すという生徒指導の積極的な意義を踏まえ、学校の教育活動全体を通じ、学習指導と関連付けながら、その一層の充実を図っていくことが必要である。

（中略）

> 　さらに、分かる喜びや学ぶ意義を実感できない授業は児童にとって苦痛であり、児童の劣等意識を助長し、情緒の不安定をもたらし、様々な問題行動を生じさせる原因となることも考えられる。教師は、児童一人一人の特性を十分把握した上で、他の教師の助言や協力を得て、指導技術の向上、指導方法や指導体制などの工夫改善を図り、日ごろの学習指導を一層充実させることが大切である。

　学習指導と生徒指導を関連づけながら行うことの重要性については、学校・教職員向けの基本書として取りまとめられた「生徒指導提要」（平成22年3月、文部科学省）にも詳しく記述されている（特に第1章第2節）。新学習指導要領および解説とあわせて参照されたい。

4　新学習指導要領特別活動における生徒指導のポイント

　本項では、前項と同様に、新学習指導要領の解説を参照しながら、特別活動における生徒指導に関する記述のポイントを見ていきたい。主に小学校学習指導要領について記述する点も前項と同様である。

　旧学習指導要領（平成20〜21年改訂）特別活動においては、生徒指導に関して、「〔学級活動〕については、（中略）学級経営の充実を図り、個々の児童についての理解を深め、児童との信頼関係を基礎に指導を行うとともに、生徒指導との関連を図るようにすること」と記されていた。

　この点、新学習指導要領においても、学級経営の充実を図ることが求められている点に変わりはないが、記述の充実が図られるとともに、いじめの未然防止等の観点が強調されたものである。

（1）特別活動と生徒指導との関連

　特別活動と生徒指導との関連について、「小学校学習指導要領解説（平成29年告示）解説　特別活動編」（平成29年7月、文部科学省。以下「解説（特別活動編）」という。）では、以下のように解説されている（傍線は引用者）。

第2章　特別活動の目標

第2節　特別活動の基本的な性格と教育活動全体における意義

4　特別活動と各教科、道徳科、外国語活動及び総合的な学習の時間などとの関連

（4）生徒指導等との関連

　　生徒指導は、「一人一人の児童生徒の人格を尊重し、個性の伸長を図りながら、社会的資質や行動力を高めることを目指して行われる教育活動のこと」である。このことは、「個性の伸長」や「社会的な資質・能力の育成」の役割を担ってきた特別活動で大切にされ、深い関わりを指摘されてきたところである。

　　特別活動の指導は、個々の児童や集団での生活や活動の場面において、児童の自主性や自発性を尊重しながら展開されるものであり、児童の積極的な活動が展開されていくためには、深い児童理解と相互の信頼関係を前提とした生徒指導の充実が不可欠である。また、生徒指導のねらいである自己指導能力や自己実現のための態度や能力の育成は、特別活動の目標と重なる部分もある。

　　特別活動と生徒指導との関わり方として、次の三点を挙げることができる。

　　ア　所属する集団を、自分たちの力によって円滑に運営することを学ぶ

　　イ　集団生活の中でよりよい人間関係を築き、それぞれが個性や自己の能力を生かし、互いの人格を尊重し合って生きることの大切さを学ぶ

　　ウ　集団としての連帯意識を高め、集団（社会）の一員としてのよりよい態度や行動の在り方を学ぶ

　　これらの内容は、学級活動と深い関わりがある。（中略）

　　生徒指導は、児童が自らを生かし自己実現できるよう援助する教育機能であり、学校の教育活動全体を通して推進することを基本としている。その中にあって学級活動は、児童が日常生活を営

む上で必要な様々な行動の仕方を、計画的、発展的に指導する教育活動である。その意味で学級活動には、各教科等の時間以上に生徒指導の機能が多く作用していると考えられる。学級を超えて行われる集団活動では、ともすると児童一人一人への配慮が欠けがちになる。そこで、指導に当たっては、児童との人間的な触れ合いを深め、児童一人一人に存在感や自己実現の喜びを味わえる場と機会を与えることが大切である。

　生徒指導は、学業指導、適応指導、進路指導、社会性指導、道徳性指導、保健に関する指導、安全に関する指導、余暇指導などに分けて考え、計画されることがある。これらの内容は、特別活動の全体、なかでも学級活動の活動内容と密接な関連をもっており、このことからも学級活動の時間は、生徒指導が中心的に行われる場と言えるのである。

第4章　指導計画の作成と内容の取扱い
第1節　指導計画の作成に当たっての配慮事項
3　学級経営の充実と生徒指導との関連
（2）特別活動といじめの未然防止等を含めた生徒指導との関連

　互いの人格を尊重し、個性の伸長とともに、社会的資質や行動力を高める上では、先述したように、自発的、自治的な活動を中心とした学級活動の充実が重要である。このことは、いじめの未然防止等にもつながるものと考えられる。また、我が国のいじめの背景には、学級内の人間関係に起因する問題が多く指摘されていることから、学級経営と生徒指導の関連を図った学級活動の充実が、いじめの未然防止の観点からも一層重要になる。

　特別活動の指導は、主に集団場面において児童の集団活動の指導を通して行われることから、生徒指導も集団場面における指導が基本となる。そして、特別活動の指導も生徒指導も、自らの課題を見いだし、改善しようとするなどの自己指導能力の育成、究極的には児童一人一人の望ましい人格形成を図ることをねらいと

しているものである。そのため、学級活動等で学んだ内容を、児童一人一人が身に付けるためには、集団場面に続いてあるいは並行しての個別場面における指導が必要である。これが後述する、ガイダンスとカウンセリングの関係である。

　ここでは、生徒指導の目標と特別活動（とりわけ学級活動）の目標に密接な関連があることや、学級経営と生徒指導の関連を図った学級活動の充実がいじめの未然防止につながることが述べられている。また、特別活動の指導は、集団指導となることが基本となるが、これに加えて個別指導を適切に組み合わせることの必要性にもふれられている。

（2）ガイダンスとカウンセリングの趣旨を踏まえた指導

　前項では、特別活動と生徒指導との関連を詳しく見たが、学校生活への適応や人間関係の形成などに際しては、ガイダンスとカウンセリングの双方の趣旨を踏まえて指導を行うことが新学習指導要領に明記されることとなった。これについて、「解説（特別活動編）」では、以下のように解説されている。

第4章　指導計画の作成と内容の取扱い
　第2節　内容の取扱いについての配慮事項
　　3　ガイダンスとカウンセリングの趣旨を踏まえた指導を図る
　　　ガイダンスとカウンセリングは、児童一人一人の学校生活への適応や人間関係の形成などを実現するために行われる教育活動である。単にガイダンスやカウンセリングに多くの時間を費やせばよいというものではなく、児童の行動や意識の変容を促し、一人一人の発達を促す働きかけとしての両輪として捉えることが大切である。
　　　ア　ガイダンス
　　　　ガイダンスは、児童のよりよい生活づくりや集団の形成に関わる、主に集団の場面で行われる案内や説明であり、ガイダンスの機能とは、そのような案内や説明等を基に、児童一

人一人の可能性を最大限に発揮できるような働きかけ、すなわち、ガイダンスの目的を達成するための指導・援助を意味するものである。

（中略）

イ　カウンセリング

　学校におけるカウンセリングは、児童一人一人の生活や人間関係などに関する悩みや迷いなどを受け止め、自己の可能性や適性についての自覚を深めさせたり、適切な情報を提供したりしながら、児童が自らの意志と責任で選択、決定することができるようにするための助言等を、個別に行う教育活動である。児童一人一人の発達を支援するためには、個別の指導を適切に行うことが大切であり、児童に関する幅広い情報の収集と多面的な理解、教師と児童の信頼関係の構築に極めて有効である。

　特別活動におけるカウンセリングとは専門家に委ねることや面接や面談のことではなく、教師が日頃行う意識的な対話や言葉掛けのことである。

ウ　ガイダンスとカウンセリングの関係

　児童の発達を支えるためには、児童の発達の特性や教育活動の特性を踏まえて、あらかじめ適切な時期・場面において、主に集団の場面で、必要とされる同質的な指導・援助を、全員に行うガイダンスと、個々の児童が抱える課題に対して、その課題を受け止めながら、主に個別指導により、個々の児童の必要度に応じて行うカウンセリングを、それぞれ充実させていくという視点が必要である。

　ガイダンスとカウンセリングは、課題解決のための指導・援助の両輪である。教師には、特別活動のいずれの内容においても双方の趣旨を踏まえて指導を行うことが求められる。関わり方の違いはあっても、いずれも児童の発達の支援のためのものであるから、双方の趣旨を踏まえて、相互に関連し

て計画的に行うことに意義があると言える。

5　おわりに

　本節では、新たな学習指導要領において、生徒指導がどのように位置づけられてきたかを概観した。中教審答申にあるとおり、教員の指導は、学習指導の側面と生徒指導の側面をもっており、今回、全ての教科等において育む「学びに向かう力・人間性」が整理されることにより、今後、教科等における学習指導と生徒指導とは、目指すところがより明確に共有され、さらに密接な関係を有するものになると考えられる。さらに、学習指導と生徒指導とを分けて考えるのではなく、相互に関連づけながら充実を図ることが重要であり、そのことが、学級経営の充実にもつながることが期待される。

　新学習指導要領に位置づけられた生徒指導に関する適切な理解が、よりよい学校教育を通してよりよい社会を創るという理念の実現に資することを心より願いたい。

第 2 章　新学習指導要領と生徒指導

伝統的な学校組織文化の再考と新たな生徒指導

國學院大學栃木短期大学特任教授　須藤　稔

　本論は、我が国の伝統的な学校組織文化（生徒指導体勢）や生徒指導上の課題（認識）等から、学習指導要領の改訂に伴う新たな生徒指導について提言するものである。

1　伝統的な学校組織文化の再生

(1) 学校組織の現状

　今日の学校教育の抱える生徒指導上の諸課題は、学校を取り巻く教育環境（外的要因）の影響ばかりでなく、むしろ基本としてきた従来の指導、例えば、各学校の生徒指導体勢や取組などのゆらぎ（内的要因）から、状況を悪化させる場合も多くある。

　事例として、「大津市中 2 男子の自死事件」（平成 23 年 10 月）では、学校、教育行政の指導体制（責任の所在）および対応の不備が第三者委員会から指摘され、翌年の「いじめ防止対策推進法」の制定につながったことは記憶に新しいところである。また、中央教育審議会で審議されている「学校における働き方改革」に関わる中間報告（平成 29 年 12 月）では、「生徒指導、部活動、保護者や地域との連携など学校や教師に対する多様な期待は、学習指導の充実に対する要請とも相まって、長時間勤務という形で現れている」(p.3) とし、学校・教員が担う業務の見直しばかりでなく、学校組織の見直しの必要性も示している。事実、「教員勤務実態調査」（文部科学省、平成 29 年 4 月）では、週 60 時間以上の勤務実態が小学校で 33％、中学校で 57％であり、生徒指導に多くの時間が割かれていることが報告されている。

これらの要因の一つに、「これからの学校教育を担う教員の資質・能力の向上について」（中央教育審議会答申、平成27年）では「近年の教員の大量退職、大量採用の影響等により、教員の経験年数の均衡が崩れ始め、かつてのように先輩教員から若手教員への知識・技能の伝承をうまく図れない状況があり……」（p.3）や、学校教員統計調査（文科省、25年度）においても、教えを請うべき経験5年未満の教員の割合は20%で、彼らを指導し得る教員（10〜20年経験者）は8%と教える側の激減などが示され、年齢構成の不均衡による学校組織の制度的・組織的限界が考えられる。

　このような現状に、問題行動等や学級崩壊、学校・教員への理不尽な要求など社会的病理が日常化し、これらの対応に追われる学校現場や、何か事が起きると校内体制や対応の瑕疵について非難の目が向けられる今日的風潮が加わり、学校現場の無力感や多忙感を増長させるなど、従来の学校組織による生徒指導体勢の見直しは喫緊の課題となっている。

（2）「個別的裁量」に根ざした我が国の学校組織文化の原点

　我が国の教育理念は、教育を手段とする諸外国とは異なり、例えば、教育基本法第5条第2項において、「義務教育として行われる普通教育は、各個人の有する能力を伸ばしつつ社会において自立的に生きる基礎を培い、また、国家及び社会の形成者とされる基本的な資質を養うことを目的として行われるものとする」とあるように、教育を目的とし全人格的な育成を目指すことを特質としている。

　その歴史的な経緯を述べるなら、明治5年の「学制」に始まった我が国の学校教育は、江戸時代の寺子屋や藩校の実績を精神文化としながら、手本としたヨーロッパに倣い落第制度を基に進級や卒業を判断してきた。

　精神文化を継承した当時の教員の役割を、以下に示す明治6年の東京師範学校の「小学校教師心得」から推認できる。

第1丁表（第1条）
　凡教師タル者ハ學文算筆ヲ教フルノミニ非ズ　父兄ノ教訓ヲ助ケテ飲食起居ニ至ル迄心ヲ用ヰテ教導スベシ　故ニ生徒ノ中学術進歩セズ或ハ平日不行状ノ徒アラバ教師タル者ノ越度タル可シ

当時はこのような「教員心得」が各行政単位で作成され、教師は学習指導にとどまることなく、保護者への支援とともに日常生活に至る生活指導までの広範囲な内容が業務とされた。このような精神文化が、児童生徒の「全人格」的な完成を担う教育活動として今日まで継承されているのである。

また、明治33年の小学校令の改正により落第制度が大幅に緩和され、同年齢で編成された集団（学級）での授業や担任制度も学年担任から学級担任制（持ち上がり）へと移行し、学習指導に加え、学級集団の維持管理に関わる教育活動も教師の役割となり、生活集団と学習集団を統合した集団から全人格の育成を図る各担任個々の裁量による指導原理（以下「個別的裁量」と略称）が定着し、我が国の今日に至る伝統的な学校組織文化を築いてきたものと考える。（以下、このような二つの要素を含んだ教育を「日本型学校教育」と省略）

（3）組織としての機能発揮を阻む「鍋ぶた」構造

組織には、成員共通の目標達成と所属する個々の能力を最大限に発揮できる意図的な構造が求められることから、そこには学校を取り巻く外的要因と連動できる柔軟性が必要と考える。

❶ 学校組織の特異性に根ざした「鍋ぶた」構造

教師の個別的裁量による教育活動が文化として継承されている背景に、学校組織の特異性を挙げることができる。

教職は、初任者であっても多年の経験者であっても同じ業務・役割が期待されるため、教職経験年数によって序列ができにくく、縦系統の指示・指導が伝達しにくい環境にある。また、教職は採用後の転職が極めて少なく、誰もの経験が均質であったり、管理職であっても教職社会の仲間内であり、各目が教職について自負をもった共同体としての学校組織なのである。さらに学校教育は、各学校の置かれた条件や学級における児童生徒個々の多様性に応じた創意工夫による教育実践に基づく教育目標の達成が推奨され、民間のような権限を軸とした職場運営でなく、校長のもとに各教職員の裁量を基本としたフラットな横並び（マトリックス）の学校組織（以下、「鍋ぶた」と称する）による運営が、伝統的に有効と考えられてき

た面もある。

❷「鍋ぶた」構造における組織的対応の限界

　一方、今日の急激な社会の変化に伴う従来の学校組織から、以下のような生徒指導をめぐる組織的対応上の課題が挙げられる。

①さまざまな生徒指導上の課題に対する個々の取組の質的、量的な違いや実施状況等の不透明性から学校としての課題達成が示し難く、学校不信を招き、個々の教師の自己完結・満足型生徒指導に陥っている。

②個別的裁量による個々の問題意識や生徒指導観に基づく実践からは、児童生徒の学習や生活における全体的な課題が捉えにくく、生徒指導の目標等が実態から乖離し、協働的な実践を困難にしている。

③今日のグローバリゼーションの進展や少子化や家族形態の変容、経済格差・教育格差、私事化（個人主義的価値観）やライフスタイルの多様化、情報機器のもたらす人間関係の希薄化などによる社会や経済の急激な変化は、子どもや家庭・地域社会にさまざまな影響を与え、学校教育の役割の拡大とともに学校が抱える課題も複雑化・多様化する中で、従来の教員の個別的裁量を基軸とする個々の力量では解消できない多様な生徒指導上の問題を抱えるようになっている。

④個々の横並び意識が働く一方で、無意識のうちに生じる序列化等から、同僚性、協働性が低下している。

⑤小学校においては、生徒指導担当の主任も学級担任であることが多く、他の教員と同列という意識から情報の共有化や他学年の指導に言及できず、共通の課題に基づく組織的な対応を阻んでいる。

2　生徒指導の認識に関わる課題

　次に生徒指導の機能の発揮を阻害する要因を、学校現場では生徒指導をどのように理解しているのか、認識に関わる実態から述べたい。

（1）生徒指導の意義の不理解

　生徒指導は中学校、高等学校の課題で小学校にはかかわりがない、教職員の異動時期に話題となる生徒指導困難校のイメージ、我が校には生徒指

導は必要ないと公言する校長、特別活動の実践と生徒指導の実践は無関係、生徒指導は一部のベテラン教師や生徒指導主事の勘や経験に基づくもので多くの教員はその指示に従えばよいなど、首を傾げる事象を見聞きすることも少なくない。

このような意義に関わる不理解の背景を、国の刊行書（教育課程との関係等を示した指導書を以下「基本書」と省略）から探りたい。

□1「中学校・高等学校の生徒指導」（昭和24年、旧文部省：以下「文部省」）

当時の学籍簿改正委員からの報告書として文部省が刊行した我が国最初の基本書は、生徒指導の目的を生徒の人格的発達、生徒の公民的発達、職業的発達とし、生徒指導の機能（p.16）を「自己指導を助ける」とし、今日に至る基本的な生徒指導の意義等を示した先駆け的な基本書。

□2「生徒指導の手びき」（昭和40年、文部省）

生徒指導資料集の第1集として、人格の完成を目的とする生徒指導の意義を示しているが、昭和30年代後半の少年非行（第2のピーク）対策が喫緊の課題であったことを踏まえ、非行対策も加えた基本書となっている。また、昭和30年代に生徒指導から生活指導を用いていた文部省が、本書で改めて生徒指導に統一している。

□3「生徒指導提要」（平成22年、文部科学省）

小学校段階から高等学校段階までの本質的な生徒指導の理論や実際の指導方法等について、より複雑化・多様化する児童生徒をめぐるさまざまな課題も含めた実践的な視点からの示唆だけでなく、前出までの基本書にない教科指導における具体的な生徒指導の事例等を示すなど、学習指導と生徒指導の一体化を目指す今日的な生徒指導の基本書。

これらから、生徒指導の認識について以下のことが考察される。

ⓐ「生徒指導提要」の刊行までの戦後65年間に、時代の変化に即応すべき基本書の刊行は3回のみである。「生徒指導提要」は「生徒指導の手びき」から45年ぶりの改訂であったことから、多くの教員にとって、生徒指導の理論的な理解は遠い存在であったことが推量される。

ⓑ基本書②およびその改訂版（昭和56年）、それ以降に文部省から刊行さ

れた生徒指導資料も新たに出現した個別問題等の対応が主となり、対処療法的な問題行動等の対応が生徒指導であるという認識が一般的に定着し、人格の完成に必要な機能が理解されないままの実践となっている。

ⓒ文部省が小学校において生徒指導の教育用語をはじめて使用したのが、小学校生徒指導資料第1集「児童の理解と指導」（昭和57年）であり、学習指導要領では平成元年の改訂（総則）で「教師と児童及び児童相互の好ましい人間関係を育てるとともに児童理解を深め、生徒指導の充実を図ること」と示した。

　生徒指導が公に示されたのはこの時期からで、それまで小学校の教員文化には生徒指導の概念がなく、また元年以降の「人間関係の育成」を生徒指導の意義と理解している。

（2）用語の多義性

　生徒指導の同義語として、児童指導、生活指導、積極的な生徒指導、消極的な生徒指導、発達的な生徒指導、開発的な生徒指導、予防的な生徒指導、問題解決的な生徒指導、治癒的な生徒指導、問題行動対策、ガイダンス、ガイダンスの機能の充実などの教育用語が挙げられる。

　学校現場では、場面、場面でこれらの生徒指導（用語）を使い分けているのが実情であり、生徒指導本来の意義を狭く理解した実践に偏より、全ての児童生徒を対象とした統合的な活動でなくなる危険性を内在している。特に上記基本書②「生徒指導の手びき」の「まえがき」に「……非行対策は、本来生徒指導の消極的な面であるが……この問題についても重点的に取り上げたい。」（……筆者省略）と実態に対応したことから、それ以降、生徒指導の意義は理論と実態に分けられ、理論的な「自己指導能力」に関わる積極的な生徒指導と非行対策の消極的な生徒指導と、あたかも生徒指導が2種類あるかのような誤解が改善されないまま今日に至っている。消極的な教育活動は存在し得ないものと考えたい。

3　新学習指導要領、第3期教育振興基本計画と生徒指導

　ここまで従来の生徒指導体勢や認識に関わる実践上の課題を改善策の手

がかりとして述べてきたが、次に学習指導要領の改訂から求められる新た
な生徒指導の視点を示したい。

なお、このことについての詳細は前節で述べているので、本論に関わる
部分のみとする。

（1）学習指導要領の改訂と生徒指導

第8期中央教育審議会の答申（平成 28 年 12 月、以下「答申」）を踏まえ
た新学習指導要領は、「社会に開かれた教育課程」の実現を目指す理念のも
と、各教科等の特質や実態を踏まえ、育成を目指す資質・能力を明確に示
すとともに、その実現を目指す「カリキュラム・マネジメント」の重要性
や授業改善策として「主体的・対話的で深い学び」を示し、生徒指導に関
して以下のように示している。

1）総則第 1 の 2 の（1）では、「主体的・対話的で深い学び」の実現に向
けた各教科等の授業改善には、学習基盤をつくる活動、すなわち学級経
営の充実が前提であること。
2）総則第 4（高等学校第 5）の 1 の（1）では、学級経営の充実を全ての
学校種に規定し、（2）では、特に教科と関連付けた生徒指導（後述する
「学業指導」）の充実を求めている。
3）特別活動第 3 の 1 の（3）では、いじめの未然防止等には学級活動を
要とした学級経営の充実が重要としている。

（2）第 3 期教育振興基本計画と生徒指導

新学習指導要領の道筋としての第 3 期教育振興基本計画（平成 30 年）で
は、「今後 5 年間の目標と施策群」（「豊かな心の育成」）において、「子ど
も・若者白書」（「今を生きる若者の意識 国際比較」）や「国際教員指導環
境調査」（平成 26 年公表）における自己認識（引き出す指導）が国際比較
において著しく低いことを受け、特に自己肯定感・有用感の育成を強調し
た生徒指導の重点化と以下のような検証システムを示している。(p.49)

☆測定指標・自分にはよいところがあると思う児童生徒の割合の改善

・いじめの認知件数に占める、いじめの解消しているものの割合の改善

4 外的要因に対応できる新たな学校組織文化の創造 （内的要因の改善）

　前述したような社会を取り巻く環境の変化に対応し得ない困難な現象を多く抱える学校現場が、現状をどのように解釈し、判断を加え、そして、新たな生徒指導に努めるか否かが今後の我が国の学校教育を左右する鍵と考える。

（1）「個別的裁量」から「協働的」な生徒指導体制への転換

　「鍋ぶた」学校組織文化の今日的欠陥は何か。学校組織の改善は平成20年に学校教育法の一部を改正し、新しい職（副校長、主幹教諭、指導教諭）を位置づけ、縦軸の強化による校務の統制化を目指したが、仮に予算措置を講じて全校に配置したとしても「鍋ぶた」構造を大きく変えるには至らず、個別的裁量に基づく業務処理（以下、このような個別的な業務処理を「個業」とし、共同体の成員が協働して行う業務処理を「協業」と略称）が従来どおり行われるのではと考える。

　とするなら、業務遂行のシステム（横軸）の改善による「鍋ぶた」組織の再生が今後の指導体勢改善の鍵と考えられる。

❶生徒指導における組織マネジメント

　新学習指導要領の示す「カリキュラム・マネジメント」とは、各学校の学校教育目標を、教育内容と教育活動に必要な教育資源を活用した教育課程を、教科等横断的な視点から編成し、実施、評価しながら、個々の児童生徒に達成していくことにある。

　つまり、マネジメントとは、組織体の目標を、内容・手段等を講じて達成していくシステムといえる。教科とは異なる生徒指導は、学校教育の全てに機能する教育活動であることから、システムの対象は、自己指導能力の育成を可能にする全校的な組織（横軸）となる。外的要因に対応した協働的な組織としての学校をいかに組織化し目標達成を図るかが、新学習指導要領の求める生徒指導における「組織マネジメント」と言える。本論1の（3）「組織としての機能を阻む『鍋ぶた』構造」で示した❶、❷は、正に「組織マネジメント」に関わる課題と捉えられる。

第2章　新学習指導要領と生徒指導

❷マネジメントサイクル（PDCA）による鍋ぶた組織（個業）の再生
　PDCA の実際については、例えば以下のような事例を示したい。

例示：「学業指導」

> 　Y 中学校では、友人への冷やかし・雑言、落ち着きを欠く言動等が目立つようになり、学校の荒れを予感させる状態にある。

〈P（Plan）〉単なる目標設定（計画）と考えがちであるが、P には以下のように目標設定に至る五つの段階を踏むことが大切である。
1　実態把握：前年度の学校評価、教師の観察や学級経営の反省、児童生徒のアンケートや日録等から具体的に把握（どのような場面、行為、対象、内容等）
2　要因の分析（特定）：P・T（プロジェクト・チーム）等で分析
　　直接要因（他者への思いやりや倫理観、規範意識の低下、学習不適応等）
　　背景要因（他者と適切に関わる力（回避、修復・改善）が未発達等）
　　環境的要因（社会的な潮流としての自己主義やメディアの影響等）
　　個人内要因（表現力や自己理解、自己肯定感、共感性、耐性等の欠如等）
3　達成目標の設定：全体研修会（合意形成）等で、基本目標を設定し、それに基づく個々と集団に求められる達成可能な下位目標を設定。
　　○基本目標「他者と関わる力を育成する」
　　個々の達成目標：「表現力の育成」（自分の考えや感情を、他者や集団で受け入れられる手段・方法で表現できる）
　　集団の達成目標：「連帯感のある集団の育成」（何事も話し合いによって決定できる集団の育成）
4　手段の策定：有効な手段とは、「何を」「いつまでに（期限）」「どのレベルまで」「どのような方法・分担で」等が明確なことである。
5　測定指標の決定：評価計画に基づく定性的な指標基準は、具体的な子どもの姿として個人、集団の双方から設定することが大切。
〈D（Do）〉手段の策定と実施
　例えば「各教科等の特質に応じた話し合い活動を充実する」という手段は、各学級・各教科においては「実践目標」となり、より実態に応じた下位の手段策定が必要となる。そのような構造から、実践段階における各学級・教科担任には、自由な発想に基づく創意・工夫ある「個業」による目標達成が必須となる。
〈C（Check）〉振り返り・評価
　前述したように、マネジメントは達成（実践）目標を個々の児童生徒に達成することであることから、評価は児童生徒の具体的な変容（結果）と達成目標の比較になる。したがって達成目標は、より具体的な児童生徒の姿・行為であることが求められる。

59

〈A（Act）〉修正・改善・実施

Cに基づき、手段の修正や新たな視点から達成目標を設定するなど、より効果的な指導・援助を展開するための段階である。また教職員の「協働」や「個業」としての実践についての見直しも改めて必要になり、これらが再びPにスパイラル的に関わることになる。

この事例のように、プロジェクト・チームを活用した「鍋ぶた」組織の改善から、有効な「個業」が再生されると考える。

（2）マネジメントが機能する新たな学校組織文化の創造

教科におけるカリキュラム・マネジメントには、学習指導要領が規定する「三つの柱」に基づく資質・能力の育成が内容として求められる。

一方、生徒指導における組織マネジメントは、目標達成に関わる内容を各学校の実態等から組織の責任で選択・決定し、実践することにある。

❶ 課題解決型組織に求められる要件

そのような組織マネジメントの機能には、生徒指導の目標を個々の児童生徒に達成できる、以下のような要件を備えた組織（以下このような組織を「課題解決型組織」と表示）であることが大切である。

● 主体的な取組を助長する組織

課題解決には、組織成員の主体的な思考・判断・表現等の自由が前提として保障されなければならない。また個々の教職員が、上記PDCAサイクルのどの段階においても、児童生徒の実態と協議内容や実践内容に乖離がないかなどを確認できる機会をもつことも大切である。特にPの段階における各判断を誤ると、マネジメントは成立し得ないからである。

● 共同体としての健全性と機能性

個々の教職員が仲間意識（同僚性）をもち、少数意見であっても相互の立場・意見を尊重するとともに、いつでも、誰もが課題解決に必要な意見（自己主張や意義の申し立て）が述べられる組織である。

● 校長のリーダーシップ

校長の役割も、上意下達的な統制型から教職員の主体的な参画を促す提案型リーダーへの転換が求められる。このような課題解決型組織における副校長等の新たな職は、校長の意図を理解しシステム遂行に関われるフォ

第2章　新学習指導要領と生徒指導

ロアーシップの醸成が重要な任務と考える。

　このような要件を備えた「課題解決型組織」は、PDCA が機能し、組織として個々の成員の要求（個業）を満足させ、創造的・効果的な特色ある生徒指導の実践を可能にするものと考える。

（3）単一職種（教員）組織から多職種組織（チーム学校）への意識転換

　中央教育審議会は「チームとしての学校の在り方と今後の改善方策について（答申）」（平成 27 年 12 月）において、学校が抱える課題の複雑化・多様化への対応として、「チームとしての学校」（以下「チーム学校」と省略）として、生徒指導上の課題解決のために必要な教員以外の要員（心理や福祉に関する専門スタッフ）を学校職員として法令に位置づけるとしている。

❶「チーム学校」の課題

　前述した 1 の（3）「組織としての機能を阻む『鍋ぶた』構造」で示した③〜⑤は、今日の「個業」がもたらす課題と考えられる。その改善策として、各自が教職について自負をもった共同体としての学校組織に新たな価値の移入には、双方の価値感の融合が求められると考える。そのためには組織マネジメントの各段階における十分な協議や実践を伴う協働が求められよう。スクールカウンセラー制度が導入された当時、不登校への対応として学校復帰を促すのか、それとも自立支援に徹するべきかといった二者択一的な議論は過去の教訓としたい。

　さらに生徒指導に限らず、学校に外部人材を導入する際には、日本型学校教育の理解や教育に携わる者としての人間性や専門性、教育の中立性、地域性等には十分な配慮が求められる。

　また、「協業」を一層可能にするためには、今日の「個業」に拍車をかけている「教員評価」制度における数値目標の設定など、制度的な見直しも必要と考える。

　このようなマネジメントを活用した新たな生徒指導には、従来の学校組織文化の改善・発展としての新たな学校組織文化が開かれるのである。

61

5 学業指導の実践

（1）学業指導とは

　学業指導とは、今まで述べた生徒指導上の諸課題を解消し、新たな学習指導要領が求める生徒指導と理解される。上記基本書②「生徒指導の手びき」（p.6）では、「生徒指導は統合的な活動であるが、学業指導、個人的適応指導、社会性・公民性指導、道徳性指導、進路指導等の場面に分けて考えることができる」と示し、多岐にわたる生徒指導の中で学業指導を中核としている。

　これを受けたその後の中学校、高等学校解説書「特別活動編」における生徒指導との関連で同様に表記し、今次の改訂においても、「……このような指導は、個々の生徒の学校生活の基盤づくりや教科における学習環境づくりに欠くことのできない重要な役割を担う。なお、こうした指導について生徒指導の視点からは、学業指導と呼ぶ」（中学校 p.24、高等学校 p.23）と示し各学校での実践を求めている。基本書③「生徒指導提要」においても、学習指導と生徒指導の一体化を目指す生徒指導として「学業指導」の取組をコラムとして示し（p.18）、理解を促している。

　具体的には、「学びに向かう集団（学級）づくり」と「児童生徒が意欲的に取り組む授業づくり」の二つの側面を相互に関わらせ、一体的に児童生徒の「社会性」と「確かな学力」を育み、将来の自己実現と社会的自立を目指す生徒指導であり、個々の児童生徒の学級への帰属意識、規範意識を高め、授業においても学習意欲や自己肯定感・有用感を高めるなど、問題行動等の未然防止等も含めた集団および個々への指導・援助である。

　各学校での実践を改めて学業指導の視点から整理し、組織マネジメントの対象とすることにより、「協業」と「個業」が接続され、誰もが実践できる新たな生徒指導が日常的に展開されると考える。指導の実際に当たっては、学級の実態や発達段階等を踏まえた測定指標を設定し、常に児童生徒の変容を確認しながらの創意工夫ある実践が求められる。

　なお、暴力行為や薬物など個別的な問題行動に関わる生徒指導については、校内に関係諸機関や団体、外部人材を含めた委員会（チーム学校）等

を緊急対応的に組織し、行動連携を図ることにより、個々の担任の抱え込みや多忙感等の是正に努めることも大切である。

[参考文献]（本文中での紹介を除く）
● 文部省「中学校における学業指導に関する諸問題」『生徒指導資料 第9集』1973年。
● 木原孝博編『社会的自立を目指す生徒指導』第一法規、1995年。
● 高橋哲夫（代表）・森嶋昭伸・今泉紀嘉編『「ガイダンスの機能の充実」によるこれからの生徒指導、特別活動』教育出版、2004年。
● 佐古秀一「学校組織の個業化が教育活動に及ぼす影響とその変革方略に関する実証的研究」『鳴門教育大学研究紀要』第21巻、2006年。
● 岩城孝次・森嶋昭伸編『生徒指導の新展開』ミネルヴァ書房、2008年。
● 岡本薫著『教師のための「クラス・マネジメント」入門』日本標準、2008年。
● 栃木県教育委員会指導資料「学業指導の充実」2009年〜2016年版。
● 今津孝次郎著『教師が育つ条件』岩波新書、2012年。
● 須藤稔「学業指導とは」『中等教育資料』No.931、文部科学省、2013年。
● 「新学習指導要領のもとで特別活動をどう実践すればよいか」白松賢、日本特別活動学会、平成30年度第1回研究会、シンポジウム発表資料。

Ⅲ 授業における学習指導と融合した生徒指導の展開

中国学園大学教授・副学長 住野好久

　新学習指導要領は新しい学習指導と生徒指導の在り方を提起している。特に学習指導については、全ての教科等の目標および内容を「知識及び技能」「思考力、判断力、表現力等」「学びに向かう力、人間性等」という育成を目指す資質・能力の三つの柱で再整理し、「主体的・対話的で深い学び」の実現に向けた授業改善を求めるなど、新しい提起をしている。そして、授業においてこの新しい学習指導の在り方に対応した新しい生徒指導を求めている。そこで、本節では、新学習指導要領を踏まえた授業における学習指導と生徒指導との新しい関係の在り方について論じる。

1 授業における学習指導と生徒指導に関するこれまでの考え方

(1)「生徒指導の3機能」を生かした学習指導

　文部科学省が生徒指導に関する基本文献として刊行した「生徒指導提要」（2010年）では「学習指導における生徒指導」について、「学習指導における生徒指導としては、次のような二つの側面が考えられます。一つは、各教科等における学習活動が成立するために、一人一人の児童生徒が落ち着いた雰囲気の下で学習に取り組めるよう、基本的な学習態度の在り方等についての指導を行うことです。もう一つは、各教科等の学習において、一人一人の児童生徒が、そのねらいの達成に向けて意欲的に学習に取り組めるよう、一人一人を生かした創意工夫ある指導を行うことです」と述べる。そして、後者の、学習指導のねらいの達成に向けて意欲的に学習に取り組めるように生徒指導することの重要性を指摘し、そのためには「①児童生徒に自己存在感を与えること、②共感的な人間関係を育成すること、

③自己決定の場を与え自己の可能性の開発を援助すること」という「生徒指導の３機能」を発揮することを求めている[1]。つまり、「落ち着いた雰囲気」づくりや「基本的な学習態度」の指導にとどまらず、「わかる授業」や「意欲的な学習」の成立に向けた学習指導の過程で「生徒指導の３機能」を発揮することが学習指導における生徒指導であるということである。

　このような「生徒指導提要」の提起と同じように、これまでは学習指導における生徒指導とは授業の中で「生徒指導の３機能」を発揮することと捉えることが普通の考え方であった。例えば、都道府県の教育委員会や教育センター等で作成している指導資料や「授業スタンダード」においても「生徒指導の３機能」を踏まえた授業づくりが提起されたり、そのためのチェックリストが示されたりしている[2]。

（２）「生徒指導の３機能」とは

　そもそも「生徒指導の３機能」とは何か。「生徒指導の３機能」が提起されたのは「生徒指導資料第20集　生徒指導研究資料第14集　生活体験や人間関係を豊かなものとする生徒指導─いきいきとした学校づくりの推進を通じて─中学校・高等学校編」（1988年）であった。本書は、1980年代前半に校内暴力、同後半にいじめが社会問題化し、生徒指導が問題行動の防止や非行対策といった消極的なものに終始する状況が広がる中で、「生徒指導の原点に立ちかえって生徒一人一人の望ましい人格の育成を図るという観点に立って、もっと積極的能動的な生徒指導を展開すること」[3]を目指して作られたものであった。そして、本書の中で積極的な生徒指導の目標を「自己指導能力」の育成とし、その実現に向けた「生徒指導の３機能」を提起したのが坂本昇一であった。

　坂本が生徒指導の目標を「自己指導能力」の育成としたのは、生徒指導（ガイダンス）の哲学的考察に基づいている。坂本は、人間を「絶対的な存在」、主体的、独自的な存在と捉え、「自由意志をもって自分の存在を決定する」[4]ことができるとする。そして自分の在り方を選択し決定し実行する場面で、どのような行動をとったらよいか適切に判断して実行して、それに対して責任をとる能力、すなわち「自己指導能力」を育成することを生徒指導の目標とした。

このような坂本の人間観、生徒指導の目標規定は、個々人の人格形成へ強く方向づけられている。これは1950〜60年代の「生活指導」概念をめぐる議論の中で、「生活つづり方の手法を取り入れた学級づくり生活指導」「集団主義教育の考え方を取り入れた学級集団づくり生活指導」と異なる「ガイダンスの考え方を取り入れた生活指導」を「生徒指導的生活指導」として発展させてきた研究経緯から当然のことであろう[5]。そして、坂本は「自己指導能力」を育成するために「生徒指導の3機能」を提起した。それゆえ、「生徒指導の3機能」は自己存在感、自己決定、自己実現といった個々人の人格への働きかけであり、共感的人間関係も教師と個々の子どもたちとの間に存在することが求められた。

（3）「生徒指導の3機能」の拡張

　しかし今日、生徒指導論は拡張されてきている。

❶「自己指導能力」の育成という目標の拡張

　「生徒指導の手引（改訂版）」でも「生徒指導提要」でも生徒指導は「社会的な資質や行動力を高める」ことが求められ、学習指導要領においても1969年に公示された中学校学習指導要領以降、教師と生徒の間だけではなく、「生徒相互の好ましい人間関係を育てる」ことが生徒指導に求められてきた。「自己指導能力」の育成という個々人の人格に閉じた目標にとどまらず、「社会的な資質や行動力」「生徒相互の好ましい人間関係」の育成へと生徒指導の目標を拡張させる必要がある。また、「生徒指導提要」は「社会的なリテラシー」という概念を新たに提起した。すなわち、「その時々の状況を判断しながら、それらを適切に行使することによって、個人や社会の目的を達成していく包括的・総合的な能力。それを社会的リテラシーと呼ぶとすれば、生徒指導の最終目的は社会的なリテラシーの育成にある」[6]と述べている。ここを執筆した森田洋司は、この社会的なリテラシーこそが「自己指導能力や課題解決能力の育成にもつながる生徒指導の最終目標であるといえる」[7]とも述べている。このような拡張は、前提となる人間観の拡張に由来する。すなわち、「生徒指導提要」は、坂本が提起した「絶対的な存在」という人間観ではなく、「人間は、その存在自体が社会的なものと言えます。社会の中で育つことでしか、人間としての資質や能力が成

長・発達することはないからです」[8]と述べ、「社会的存在」としての人間観に依拠している。

このように、生徒指導の目標が個々人の「自己指導能力」の育成にとどまらず、さらにそれを社会に開いていく「社会的なリテラシー」へと拡張されてきているのである。

❷「自己存在感を与えること」の拡張

「生徒指導の3機能」の「①児童生徒に自己存在感を与えること」とは、従来「一人一人の生徒が例外なくあらゆる学校生活の場で自己存在感をもつことができるように配慮することが重要であり」、教師が自己存在感を「与える」指導が求められてきた[9]。しかし、教師の働きかけによって子どもに自己存在感という主観的な感情体験が例外なく与えられるわけではない。仮に与えられたとしても、それはその教師との関係の中で一時的に生じた自己存在感に過ぎない。大切なことは、教師が自己存在感を与えることよりも、子どもたち自身が集団や社会の中で自己存在感を高めていくように指導することである。

また、白己存在感は「自尊感情」と同義とされるが、国立教育政策研究所は「自尊感情」に代わって「自己有用感」の重要性を提起している。「自尊感情」とは自分に対する自己評価を意味し、大人が子どもをほめて「自尊感情」を高めようとしてもそれによって「実力以上に過大評価してしまったり、周りの子供からの評価を得られずに元に戻ってしまったり、自他の評価のギャップにストレスを感じるようになったり」して「必ずしも好ましい結果をもたらすとは言えない」と指摘する。それに対して「自己有用感」は、「自分に対する他者からの評価」が中心であり、他者の存在を前提として自分の存在価値、すなわち、誰かの役に立っている、誰かに必要とされていると感じることである。この自己有用感が高まることで「人と関わりたい」という意欲が高まり、社会性の育成につながる。それゆえ、「『自己有用感』に裏付けられた『自尊感情』が大切」と提起している[10]。

このように、「①児童生徒に自己存在感を与えること」は「自己有用感に裏付けられた自己存在感（自尊感情）を育てること」へと拡張することが求められている。

❸「共感的な人間関係」の拡張

「生徒指導の3機能」の「②共感的な人間関係を育成すること」は、従来は教師と子どもの間に共感的関係を育成する指導とされてきたが、これを子ども相互の関係にも拡張することである。これは共感的な人間関係を育成する主体を教師から子どもたちへと転換することでもある。すなわち、子どもたち自身が共感的な人間関係を教師との間にも他の子どもたちの間にも育んでいけるように指導することである。また、1998年版の中学校学習指導要領から、生徒指導の課題として「教師と生徒の信頼関係及び生徒相互の好ましい人間関係を育てる」ことが示されるようになった。つまり、教師と子どもの関係は「信頼関係」、子ども相互の関係は「好ましい人間関係」と区別され、好ましい人間関係を子どもたちの間に育むことがより重視されるようになったのである。

さらに、子ども相互の好ましい人間関係は共感的な人間関係にとどまらない。中学校学習指導要領解説には「個性を尊重し合う」関係、「互いに協力し合」う関係、「主体的によりよい人間関係を形成していこうとする」関係のある集団を形成することを求め、それが「生徒指導の充実の基盤であり、かつ生徒指導の重要な目標の一つでもある」としている[11]。

このように、「②共感的な人間関係を育成すること」は、教師と子どもの関係に加え子ども相互の関係も、共感的関係に加え多様な好ましい人間関係も、子どもたちが自ら形成していくように指導することへと拡張することが求められている。

❹「自己決定の場を与えること」の拡張

「生徒指導の3機能」の「③自己決定の場を与え自己の可能性の開発を援助すること」は、従来は「生徒に自己決定の場をできるだけ多く用意し」、「できるだけ生徒に自らの行動を自分で選択する自由を与え」る指導とされてきた。しかし今日、子どもの「自己決定」は与えるものではなく、権利として保障するものとなっている。児童の権利に関する条約第12条は、子どもは自分に関係する全ての事項について自由に自己の意見を表明する権利をもっていると規定している（意見表明権）。大人はこの権利を保障しなければならないのであって、与えるのではない。と言って、十分に考

慮して自己決定することができない子どもに自己決定することを強い、その責任を求める「自己責任論」を振りかざしては、逆に子どもの権利を抑圧することになってしまう。

　必要なのは、子どもが自己決定できるように支援し、自己決定ができる主体へと育てていくことである。とりわけ、自己決定の場を与えられずに成長した子どもは自己決定することに「無気力」になってしまっている（いわゆる「学習性無気力」（セリグマン））。そうした子どもたちには自己決定することの大切さを幼少期から日常的な生活の中で経験的に学ばせ、学校教育においては自己決定の価値を教えるとともに、何を基準にして何を目指してどのように決定していくことが大切なのか、自己決定の仕方を教えることも求められる。その際、自己決定ができないことを表明することの重要さを教えることも必要であろう。「今の自分では決められないから一緒に考えてほしい、一緒に決めてほしい」と言えるように。

　このように、「③自己決定の場を与え自己の可能性の開発を援助すること」もまた、自己決定を子どもの権利と捉え、その権利行使を支援することへと拡張していくことが求められている。

❺「生徒指導の３機能」の三位一体性

　このように「生徒指導の３機能」を拡張させていくと、３機能を一つ一つ切り離して機能させるのではなく、三位一体的に機能させる必要がある。すなわち、「自己有用感に裏付けられた自己存在感（自尊感情）」の育成には、教師と子どもの関係だけでなく子ども相互に、共感的関係にとどまらない、「みんなの役に立ちたい」「協力し合おう」といった好ましい人間関係の形成が必要であり、その関係の中で自己決定が保障され、自己決定が共同決定に支えられて高まっていく過程が必要だからである。このように「生徒指導の３機能」が三位一体的に機能するとき、子どもたちはどんな集団の中でも好ましい関係をつくりながら自己有用感に裏付けられた自己存在感をもち、好ましい関係の中で自己決定することのできる社会の形成者としての資質・能力である社会的リテラシーを身につけ、行使できる主体へと育っていくのである。

2 新学習指導要領における学習指導と生徒指導

　これまで述べてきたように、今日「生徒指導の３機能」は拡張され、三位一体的に機能させる必要があるため、従来のように個々の機能を機械的に授業の中で適用すればよいというわけではない。では、授業の中でどのような生徒指導をすることが求められるのであろうか[12]。

（1）学習指導と生徒指導の「融合」

　新学習指導要領において生徒指導は、「学校の教育活動全体を通じ、学習指導と関連付けながら、その一層の充実を図っていくこと」が求められている。というのも、「分かる喜びや学ぶ意義を実感できない授業は生徒にとって苦痛であり、生徒の劣等感を助長し、情緒の不安定をもたらし、様々な問題行動を生じさせる原因となることも考えられる」からである[13]。つまり、新学習指導要領は、授業においてわかる喜びや学ぶ意義といった学習指導のねらいの達成に向けて子どもたちが意欲的に学習に取り組めるようにする生徒指導を求めている。

　これは、本節の冒頭に述べた「生徒指導提要」の学習指導における生徒指導の二側面の後者の側面であり、各教科での学習指導のねらいの達成に向けられた学習指導と融合一体となった生徒指導である。すなわち、学習指導の過程に内在化させて「生徒指導の３機能」を発揮させることである。

（2）学習指導と生徒指導の融合による「学びに向かう力」の育成

　では、生徒指導はどのように学習指導と融合させられるのか。

　新学習指導要領は、育成を目指す資質・能力を明確化した。すなわち、「今回の改訂では、知・徳・体にわたる『生きる力』を子供たちに育むために『何のために学ぶのか』という各教科等を学ぶ意義を共有しながら、授業の創意工夫や教科書等の教材の改善を引き出していくことができるようにするため、全ての教科等の目標及び内容を『知識及び技能』『思考力、判断力、表現力等』『学びに向かう力、人間性等』の三つの柱で再整理した」[14]。つまり、教科等における学習指導の目標がこのような資質・能力の三つの柱で示されたのである。

　「学びに向かう力・人間性等」の育成が位置づけられたことである。「学

びに向かう力・人間性等」とは「学びを人生や社会に生かそうとする」態度のことであり、一人一人が幸福な人生を自ら創り出していくために必要な「主体的に学習に取り組む態度」「自己の感情や行動を統制する能力」「自己の感情や行動を統制する力」「よりよい生活や人間関係を自主的に形成する態度」「『メタ認知』に関わる力」、さらには「多様性を尊重する態度」「互いのよさを生かして協働する力」「持続可能な社会づくりに向けた態度」「リーダーシップやチームワーク」「感性」「優しさや思いやり」などがその要素として挙げられている[15]。

　これらの「学びに向かう力・人間性等」には、主体性や感情統制力など自己に関する資質・能力、集団や人間関係に関する資質・能力、そして、よりよい生活や社会の形成に関する資質・能力が挙げられているが、これらは生徒指導を通じて育成することが求められている「自己の存在感」「よりよい人間関係」「現在及び将来における自己実現」等と重なっている。つまり、「学びに向かう力・人間性等」を育成する学習指導は同時に生徒指導でもあるということである。学習指導の過程がそのまま生徒指導になるという両者の融合が求められているのである。

（3）学習指導と生徒指導の融合による「主体的・対話的で深い学び」の実現

　新学習指導要領は学習指導について「基礎的・基本的な知識及び技能を確実に習得させ、これらを活用して課題を解決するために必要な思考力、判断力、表現力等を育むとともに、主体的に学習に取り組む態度を養い、個性を生かし多様な人々との協働を促す教育の充実」に努め、「主体的・対話的で深い学びの実現に向けた授業改善を通して、創意工夫を生かした特色ある教育活動を展開する」ことを求めている。学習指導要領解説において「主体的・対話的で深い学び」は、以下のように説明されている[16]。

❶「主体的な学び」

　まず「主体的な学び」は、「学ぶことへの興味・関心」をもつ学びである。単に興味深い教材・教具によって動機づけられることではなく、考えたり、課題を探究したり、議論したりすることを通して、新たな気づきを得たり課題の解決や知識の習得に至る過程に興味・関心をもつことである。

71

また、「主体的な学び」は「自己のキャリア形成の方向性と関連付けられた見通しと粘り強さ」のある学びである。現在および将来において自己実現するためには学び続けることが必要であるという学ぶことの意義や目的を明確にもって学ぶことであり、自ら立てた見通しをもって粘り強く自己調整的に学び続けることである。

さらに、「主体的な学び」においては「学習活動を自ら振り返り意味付けたり、身に付いた資質・能力を自覚したり、共有したりすることが重要である」。自らの学びをメタ認知し、何がわかるようになったか・何ができるようになったのかを自己評価し、次の学びに向けた自己課題を明らかにする振り返りのある学びのことである。その際、振り返りの過程を「共有」することも提起されている。

❷「対話的な学び」

「対話的な学び」は「子供同士の協働」「教職員や地域の人との対話」「先哲の考え方を手掛かりに考えること」を通じて自己の考えを広げ深めていくこととされている。

子ども同士の対話的な学びは「協働」とされている。つまり、単に対話することではなく、対話をしながら共有する目標の達成や課題の解決のために力を合わせて学ぶことが求められている。

それに対して教職員との間は、地域の人と並んで「対話」とされている。教職員は子ども同士の協働の外側にいて、子ども同士の協働を促進することで思考を広げ深めていく対話者という位置づけである。

また、「対話的な学び」に「先哲の考え方を手掛かりに考えること」を位置づけ、相対して言語表現を媒介にしたコミュニケーション活動を行うことだけではなく、文章等を通じて先哲（昔のすぐれた思想家・学者）の考え方に出会い、それを読み深める過程で筆者である先哲に「何を主張したいのか」「どうしてそう考えたのか」を問いかけ、自身の考えをぶつけながら、自分の中の思考を広げ深めていくような学びも、また対話的な学びとしている。

❸「深い学び」

「深い学び」は「習得・活用・探究という学びの過程」を必要とし、「各

教科等の特質に応じた『見方・考え方』を働かせ」、「知識を相互に関連付けてより深く理解したり、情報を精査して考えを形成したり、問題を見いだして解決策を考えたり、思いや考えを基に創造したりすることに向かう」ことである。すなわち、習得した基礎的・基本的知識・技能を「各教科等の特質に応じた『見方・考え方』を働かせ」ながら思考・判断・表現することで関連づけ、活用して課題を探究する深い学びの過程を全ての教科等の授業において実現することが求められている。この「深い学び」は深く理解するにとどまらず、新しい考えや解決策を生み出すような創造的な学びとして子どもたちに取り組まれる必要性も提起されている。

この「深い学び」は、「主体的な学び」「対話的な学び」と一体化されることで子どもの学びの過程に実現されるものである。1単位時間の授業だけではなく、単元や題材のまとまりの中で、これらの学びが子どもたちに実現されているか、実現されるような学習指導となっているかが確かめられる必要がある。

❹「主体的・対話的で深い学び」における「生徒指導の3機能」

以上のような「主体的・対話的で深い学び」を実現するための学習指導には、「生徒指導の3機能」を一体的に発揮することが求められる。新学習指導要領のもととなった中央教育審議会答申（以下、「中教審答申」と略す。）が指摘している「主体的・対話的で深い学び」を実現するための学習指導の例示を踏まえて考察してみよう[17]。

中教審答申は「主体的な学び」の実現には「子供自身が興味を持って積極的に取り組む」ことが例示されているが、そのために教師は自分の興味と子どもたちの興味とは異なることを前提とし、一人一人異なる子どもたちの多様で個性的な興味・関心を把握し、尊重することが求められる。つまり、子ども一人一人と共感的な人間関係を形成しつつ、子どもたちが自己存在感を実感して自己決定しながら学びに主体的に取り組めるように生徒指導の機能を発揮することである。また、「学習活動を自ら振り返り意味付けたり、身に付いた資質・能力を自覚したり、共有したりする」学習指導が例示されている。この振り返りの過程で自己を見つめ、自己有用感に裏打ちされた自己存在感を高める生徒指導の機能を発揮すること、そし

て、それを「共有」する過程でお互いの学びの過程や成果を尊重しながら、それらを共有し合うことのできる共感的な人間関係を形成する生徒指導の機能を発揮することである。

中教審答申は「対話的な学び」の実現には、「多様な表現」を通じて「教職員と子供や、子供同士が対話」学習活動を指導することを例示している。子どもたちの「多様な表現」を引き出すには、子ども一人一人の「多様な表現」を引き出し、受容し、尊重することができる共感的な人間関係が教師との間にも子ども相互にも求められる。仮にその表現の内容に間違いやつまずきが含まれていても、仮にその表現方法が言葉足らずで十分な論理性がなくても、自分の考えを表現したことが受け止められ、その考えが協働的な課題解決の過程の中に位置づけられるとき、子どもは自己有用感に裏打ちされた自己存在感を得、「対話的な学び」に参加する意欲と自信を高めていく。

そして、教師や他の子どもの言葉に耳を傾け、自分の言葉と他者の言葉を紡ぎ合わせていくとき「知識を相互に関連付け」、「情報を精査して考えを形成し」、「問題を見いだして解決策を考え」、「思いや考えを基に創造」したりする「深い学び」が実現していく。

このように、「主体的・対話的で深い学び」を実現する学習指導は生徒指導の3機能を内在するものである。生徒指導の機能を内在化した学習指導が「主体的・対話的で深い学び」を実現する学習指導となるのである。

（4）学習指導と生徒指導の融合による「社会に開かれた生徒指導」

新学習指導要領は「生徒の発達を支える指導の充実」のために、「自己の存在感を実感しながら、よりよい人間関係を形成し、有意義で充実した学校生活を送る中で、現在及び将来における自己実現を図っていく」生徒指導を、学校の教育活動全体を通じて、学習指導とも関連づけながら、充実させることを求めている。

生徒指導は、意図的・計画的に学習指導が行われる各教科の授業の時間においても、そして、特別活動や休み時間・放課後等の教科外の時間においても機能し実践される。これまで、教科外の時間に行われる生徒指導は、学習指導とは切り離されて実践されることがほとんどであった。しかし、

新学習指導要領においては、各教科の授業を通じて育成した資質・能力を「社会に開かれた教育課程」を通じて現在および将来の生活や生き方に生かすこと、その際、「主体的・対話的で深い学び」を実現することによって獲得した各教科等の「見方・考え方」を子どもたちが「人生において『見方・考え方』を自在に働かせられるように」[18]し、「特別活動における学級生活の諸問題の解決など」[19]にも生かされることを求めている。

　例えば、学級集団の人間関係を「情報を精査して考えを形成」する深い学びによって客観的に分析し、「多様な表現を通じて、教職員と子供や、子供同士が対話」する学びと「問題を見いだして解決策を考え」る深い学びによって学級集団で取り組むべき課題を見いだし、解決していく生徒指導実践である。また、学級の子どもの人間関係をめぐるトラブルに対しても、なぜトラブルが生じたのかを「情報を精査して考えを形成」する深い学びによって客観的に分析し、「多様な表現を通じて、教職員と子供や、子供同士が対話」する学びと「問題を見いだして解決策を考え」る深い学びによってトラブルを解決し、よりよい人間関係を構築していくような生徒指導実践である

　このように、教科外の生徒指導においても、学習指導を通じて育成した資質・能力を発揮させ、学校・学級生活における諸問題を主体的・協同的に解決するために子どもたちが「主体的・対話的で深い学び」を展開するような生徒指導が求められる。

　こうすることで、子どもたちは将来の社会生活における諸問題を解決していく過程を学び、それに必要な経験と資質・能力を向上させていくことができる。このとき生徒指導は、教室や学校に閉じたものではなく、社会に開かれた生徒指導として「社会的リテラシー」を育成する生徒指導として実践されるのである。

[参考文献]
1　文部科学省「生徒指導提要」教育図書、2010年、pp.5-6。
2　例えば、秋田県、岩手県、岡山県、高知県、大分県等の教育委員会・教育センター等が作成した指導資料が該当する。
3　文部省「生徒指導資料第20集　生徒指導研究資料第14集　生活体験や人間関係を豊かなものとす

る生徒指導―いきいきとした学校づくりの推進を通じて―中学校・高等学校編」1988年、p.1.

4　坂本昇一著『生徒指導の機能と方法』文教書院、1990年、p.39。なお、坂本の生徒指導における人間観については坂本昇一著『ガイダンスの哲学的前提に関する研究』風間書房、1977年を参照されたい。

5　坂本昇一著『生活指導の理論と方法』文教書院、1978年、pp.9-19および同「生徒指導と『同行』して～日本生徒指導の体系化をめざす～第1回～第12回」『月刊生徒指導』2002年4月号～2003年3月号、学事出版を参照。

6　「生徒指導提要」前掲書、p.225。

7　日本生徒指導学会編『現代生徒指導論』学事出版、2015年、p.11。

8　同上書、p.9。

9　『生徒指導の機能と方法』前掲書、pp.58-61参照。

10　国立教育政策研究所生徒指導・進路指導研究センター『生徒指導リーフ18 「自尊感情」？　それとも、「自己有用感」？』2015年。

11　文部科学省「中学校学習指導要領（平成29年告示）解説 総則編」東山書房、2018年、pp.98-99。

12　以下の叙述は、住野好久「新学習指導要領における学習指導と生徒指導の融合」日本生徒指導学会編『生徒指導学研究』第17巻、学事出版、2019年、pp.8-14と重なる部分がある。

13　「中学校学習指導要領（平成29年告示）解説 総則編」前掲書、pp.98-99。

14　同上書、p.3。

15　「中学校学習指導要領（平成29年告示）解説 総則編」前掲書、p.39。

16　同上書、p.78。

17　中央教育審議会「幼稚園、小学校、中学校、高等学校及び特別支援学校の学習指導要領等の改善及び必要な方策等について（答申）」2016年、pp.49-50。

18　同上書、p.34。

19　同上書、p.50。

Ⅳ 「特別の教科 道徳」と「生徒指導」

高松大学教授 七條正典

1 はじめに

　平成27年3月、学習指導要領の一部改正により、これまでの「道徳の時間」が「特別の教科 道徳」（道徳科）として新たに教育課程に位置づけられた。いわゆる道徳の「教科化」である。この「教科化」に至った背景として、教育再生実行会議（2013）において、まず、いじめ問題等への対策に向けて、道徳の教材の抜本的な充実や道徳の新たな枠組みによる教科化等、道徳教育の充実が提言されたことが挙げられる。加えて、道徳教育の充実に関する懇談会（2013）において、道徳教育の現状からさまざまな課題の存在が指摘され、それらの課題への対応に向けた道徳教育の抜本的改善が求められたことが挙げられる。

　特に、今回の道徳教育の改訂について、生徒指導との関連においては、いじめ問題への対応が大きなポイントとして挙げられる。しかし、「これまでの道徳の時間を要として学校の教育活動全体を通じて行うという道徳教育の基本的な考え方」は、今後も引き継ぐということが明示されていることから、これからの道徳教育と生徒指導との関係についても、これまでと大きく変わるものではないと言えよう。

　そこで、本節では、「特別の教科 道徳」成立の背景とその趣旨について概観した上で、これまでと変わらない道徳教育と生徒指導との関連についてあらためて確認する。そして、道徳教育について、今回の改訂で求められているいじめ問題等、生徒指導上の問題への改善の方向について述べる。その上で、いじめ問題等、生徒指導上の問題に生きて働く実効性ある道徳教育の具現化、つまり成長促進型生徒指導の実現のための道徳教育の推進

の在り方について検討する。

2 「特別の教科 道徳」成立の背景とその趣旨

　今回の学習指導要領道徳の改訂において、これまでの「道徳の時間」が「特別の教科 道徳」と改められ、教科となった背景とその趣旨については、中央教育審議会答申（2014）「道徳に係る教育課程の改善等について」の「1. 教育課程の改善の方向性」において説明されている。

　その一つは、人格の基盤となる「道徳性を育てることが道徳教育の使命」であり、道徳教育は、「自立した一人の人間として人生を他者とともによりよく生きる人格を形成することを目指すものとして」、今日的な課題（いじめ問題も含め）に対応していくための資質・能力の育成に向け、その役割を果たす必要性が明記されている点である。

　二つは、学校の教育目標に即して充実した指導を重ね、確固たる成果を上げている優れた取組がある一方で、「道徳教育の要である道徳の時間において、その特質を生かした授業が行われていない場合」や「発達の段階が上がるにつれ、授業に対する児童生徒の受け止めがよくない状況」があること、「学校や教員によって指導の格差が大きい」ことなど、多くの課題が指摘されていることにふれ、その実施においていまだ不十分な状況にあり、早急に改善に取り組む必要性を指摘している点である。

　さらに、課題については以上のことに加え、中教審への諮問理由には、「歴史的な経緯に影響され、いまだに道徳教育そのものを忌避しがちな風潮がある」ことや「教育関係者にその理念が十分に理解されておらず、効果的な指導方法も共有されていない」ことなども指摘されている。

　つまり、昭和33年に「道徳の時間」が特設されて、60年近くを経たにもかかわらず、その実施において依然として多くの課題を抱え、その充実発展というにはいまだ不十分な状況にあるとの指摘がなされている。特に、その実施において学校間・教師間格差が見られ、全国の児童生徒にとって、一律に充実した道徳教育が受けられているとは言い難い状況にあるのが現実である。そして、いまだに十分な教材もなく「道徳の時間」を実施して

いる学校、あるいは実施しているとすら言えない学校も見られる。確かに文部科学省（2012）による道徳教育実施状況調査では、小学校 35.7 時間、中学校 35.1 時間と標準授業時数 35 時間を上回る報告がなされている。しかし、永田（2010）ら東京学芸大学が実施した道徳教育に関する小・中学校教員を対象とした調査「実施状況に対する受け止め」では、「十分に行われていると思う」は小学校 32.8％、中学校 23.1％であり、「十分には行われていないと思う」は小学校 66.9％、中学校 76.6％という結果であった。およそ 7 割の教師が、平成 20 年の学習指導要領での実施に関して十分ではないと回答していることになる。このような状況からも、道徳教育の改善充実のためには、先に見た答申等において指摘された課題への改善の取組が必要不可欠であることがわかる。

　また、平成 10 年の学習指導要領作成後、平成 14 年に全ての児童生徒に「心のノート」が作制配布された。その背景には、各学校・各学級における道徳教育の実施が実質的に十分行われていないという状況から、一人一人の児童生徒に道徳教育について自学自習が可能な教材を提供しようという意図があった。さらに、その「心のノート」を道徳の時間においてより活用されることを意図して作制された「私たちの道徳」が、平成 26 年に全ての児童生徒に配布された。

　しかし、このような指導資料が一人一人の児童生徒に手渡されたとしても、それらが十分活用されているか、あるいは「道徳の時間」のねらいに即した授業が実施されているかどうかが問題としてある。今回の道徳の教科化の趣旨は、これまで十分実施されてきたとは言い難い「道徳の時間」について、量的・質的充実が図られ実施されること、つまり、昭和 33 年に特設された「道徳の時間」を要とした道徳教育の実質化を図ることであると言えよう。

　今回の改正学習指導要領において、道徳教育について教科化が図られた趣旨は、先に述べた道徳教育の現状や課題を踏まえ、「本来の道徳教育のねらいがより効果的に実現されるよう改善を図ること」であり、道徳教育の使命でも述べたように「道徳教育が期待される役割を十分に果たすことができるようにすること」（中央教育審議会答申、2014）である。つまり、道

徳の時間を教育課程上「特別の教科 道徳」として新たに位置づけ、その目標、内容等を見直すとともに、これを要として効果的な指導をより確実に展開することができるよう、教育課程の改善を図ることが目指されているのである。では、その趣旨に即してどのように具体的な改善を図ればよいのであろうか。

　次に、改正学習指導要領における道徳教育の改善の方策について確認するとともに、教科化の中で今後検討すべき課題について述べたい。

3　道徳教育改善の方策と今後検討すべき課題

（1）改正学習指導要領における道徳教育の改善の方策

　今回、道徳に係る教育課程の改善方策については、以下の点が示されている。それは、

　①道徳の時間を「特別の教科 道徳」として位置づける

　②目標を明確で理解しやすいものに改善する

　③道徳の内容をより発達の段階を踏まえた体系的なものに改善する

　④多様で効果的な道徳教育の指導方法へと改善する

　⑤「特別の教科 道徳」に検定教科書を導入する

　⑥一人一人のよさを伸ばし、成長を促すための評価を充実する

の6点である。

　これまで①②③を踏まえ、そのねらいの実現のために、道徳科の具体的な指導の在り方についての検討や、道徳科の授業に資する教科書の作成および道徳の授業の実施に伴う評価の在り方についての協議が進められてきたところである。

　この教科化をめぐっては、道徳教育や道徳の授業の在り方が大きく変わるのではないかとの声も聞かれた。しかし、「特別の教科 道徳」の解説の「改定の基本方針」において、「各教科等における道徳教育と密接な関連を図りながら、計画的、発展的な指導によってこれを補充、深化、統合し」、児童生徒に「道徳的価値の自覚や生き方についての考えを深めさせ、道徳的実践力を育成する」という「道徳の時間を要として学校の教育活動全体

を通じて行うという道徳教育の基本的な考え方は、今後も引き継ぐべきである」と示されているように、その本質部分までもが変わるわけではない。

「道徳教育が期待される役割を十分に果たすことができるように改善を図る」との観点から、これまでの「道徳の時間」を教育課程上「特別の教科 道徳」として新たに位置づけるなど、答申において先の六つの改善の方策が示されたのである。その点においては、「特別の教科 道徳」を要とする道徳教育への取組について、我々教師は意識を新たにする必要がある。

（2） 教科化の中で今後検討すべき課題

教科化の中で今後検討すべき課題の第1は、今回の改訂の本旨からも、道徳教育の要である「特別の教科 道徳」の実質化（道徳授業の時間数の確保とその質的充実）を図ることである。そのためには、まず何よりも、先に述べた道徳教育の改善の方策を踏まえ、そのねらいに即した道徳科の授業づくりをいかに図るかである。具体的には、いわゆる「道徳科の特質を生かした授業づくり」についての検討を行うことである。

第2は、道徳科を要として、いじめ問題等、生徒指導上の問題の解決につながる実効性のある道徳教育の具現化を図ることである。そのためには、第1の道徳授業の改善充実を図ること（「量的確保」と「質的充実」）はもちろんであるが、やはり、道徳科を要として学校の教育活動全体を通じて行う学校における道徳教育の充実を図ることこそが重要である。具体的には、これまでも推進されてきた「総合単元的な道徳学習」など、「教科等横断的」な指導の在り方についての検討を行うことである。

第3は、校長のリーダーシップのもと、道徳教育推進教師を中心とした道徳教育の推進体制の強化を図ることである。この視点は、特に生徒指導の推進体制とも共通するところである。

生徒指導では、『心と行動のネットワーク』（2001）において、「サポートチーム」による対応の重要性が示されて以後、生徒指導上の諸課題に学校全体がチームとして対応することは当然のこととして受け止められてきた。

この視点は、今回の中央教育審議会の「チームとしての学校の在り方と今後の改善方策について（答申）」（2015）の提言からも、道徳教育においても、「チーム学校」として取り組むことが重要な課題として提言されてい

ると考える。具体的には、これまで、学級担任が行うことを原則とする道徳科の授業の実施に関しても、教職員が協働し学校全体として取り組む推進体制（指導体制・研修体制等）の在り方についての検討を行うことである。

　次に、道徳教育と生徒指導との関連についてあらためて確認する。

4　成長促進型の生徒指導を目指す道徳教育

　平成16年長崎の小学校6年女子児童が同級生をカッターで殺害した事件や、平成18年以後、中学校におけるいじめによる自殺が多発したことなどから、生命を大切にする心や規範意識、情報モラル等の低下が指摘され、現在、それらの教育についての指導の充実が求められている。

　このような少年によるさまざまな凶悪な事件やいじめなど生徒指導上の問題が起こるたびに、道徳教育の充実を求める声が高まっている。「道徳の時間」が「特別の教科　道徳」（道徳科）として教育課程上、新たに位置づけられるようになった背景としても、いじめ問題の解決が課題として挙げられていた。では、これら生徒指導の問題と道徳教育とはどのような関係にあるのだろうか。

（1）生徒指導のねらいと内面の形成

　「生徒指導の手引（改訂版）」（昭和56年、文部省）には、生徒指導として、「学業指導、個人的適応指導、社会性、公民性指導、道徳性指導、進路指導、保健指導、安全指導、余暇指導など」が挙げられており、生徒指導には、道徳性の育成（内面の形成）に関する指導が含まれている。

　また、生徒指導は、問題行動への対応に関する指導に限定して捉えられがちであるが、「生徒指導提要」では、「生徒指導は、一人一人の児童生徒の個性の伸長を図りながら、同時に社会的な資質や能力・態度を育成し、さらに将来において社会的に自己実現できるような資質・態度を形成していくための指導・援助であり、個々の児童生徒の自己指導能力の育成を目指すもの」（下線は筆者）であると示されており、生徒指導本来のねらいからも、内面の形成が不可欠であることがわかる。

加えて、生徒指導が目指す「自己指導能力」は、「自己をありのままに認め（自己受容）、自己に対する洞察を深めること（自己理解）、これらを基盤に自らの追求しつつある目標を確立し、また明確化していくこと、そして、この目標の達成のため、自発的、自律的に自らの行動を決断し、実行すること」（「生徒指導の手引（改訂版）」）であり、この「自発的、自律的に自らの行動を決断し、実行する」ためには、自らの価値観を形成していかなければならない。人は、自らの価値観によって、自らの生き方を選び、場面に応じて自らの行動を決定するが、もし、公正で、多面的・多角的な判断ができるような価値観が十分育まれていなかったとしたら、どうなるであろうか。

　昨今の青少年による凶悪な事件や、いじめ、不登校、暴力行為等、さまざまな生徒指導上の問題の根底には、青少年を取り巻く環境の問題だけではなく、その内面の形成が十分図られていないことが大きく影響していると思われる。

（2）道徳教育のねらいと道徳性の育成

　学校における道徳教育の目標は、教育基本法および学校教育法に定められた教育の根本精神に基づいて設定されている。言うまでもなく教育基本法や学校教育法は、日本国憲法に掲げられた民主的で文化的な国家を建設し世界の平和と人類の福祉に貢献する国民の育成を目指す、我が国の教育の在り方を示したものである。そのことを実現する中核となるのが道徳教育であり、そのために特に重視しなければならないことが目標として示されている。

　平成27年学習指導要領（一部改正）において、道徳教育の目標は、「自立した人間として他者と共によりよく生きるための基盤となる道徳性を養うこと」と規定し、学校における道徳教育の役割が「道徳性の育成」にあることを明示している。そして、道徳教育の要である「特別の教科 道徳」においては、「道徳的な判断力、心情、実践意欲と態度」を育成することが求められている。そして、そのねらいの達成に向けて、具体的には、小学校低学年19項目、中学年20項目、高学年22項目、中学校22項目の内容が示されており、それらの内容について、「特別の教科 道徳」はもとより、

各教科や外国語活動、総合的な学習の時間、特別活動などにおいてもそれぞれの特質に応じた適切な指導を行うことが求められている。特に要である「特別の教科　道徳」においては、一人一人の児童生徒が、自らの人生をよりよく生きていくための価値観を自分自身において育むことができるよう指導を工夫し、その充実を図る必要がある。

（3）「成長促進型の生徒指導」としての道徳教育の推進

　道徳教育も生徒指導も、いずれも学校における教育活動全体を通じて行われるものであるが、道徳教育は児童生徒の価値観の形成を直接のねらいとするものであるのに対して、生徒指導は児童生徒一人一人の具体的な日常生活の問題について援助し指導する場合が多いというそれぞれの特性がある。

　中学校段階になると、小学校段階に比べて生徒指導上の問題が量的にも質的にもより深刻化してくる。そのため、学校現場においてはどうしても問題対応に追われることになりがちとなる。

　しかし、このような対症療法としての生徒指導（課題解決的な指導）では、問題対応に追われ、児童生徒を健全に育てていくという本来の教育としての機能を十分に果たすことができず、場合によっては、より深刻な状況をもたらすことにもなりかねない。そこで、道徳教育と生徒指導、相互の関係をさらに1歩進めて、道徳科を要とした道徳教育の一層の推進を図り、道徳性の育成（内面の形成）に支えられた「成長促進型の生徒指導」を展開することが求められている。

　特に、生徒指導上の問題の防止や解決につながる道徳性を育む上で、道徳教育の要となる道徳科の指導の充実を図ることは重要であり、今回の教科化によってその役割を果たすことが一層期待されている。

5　生徒指導に生きて働く道徳教育の推進

（1）推進上の課題

　現在、学校現場はもとより学会等においても、道徳科の在り方がテーマとして大いに議論されている。このことは、「道徳の時間」が教科となるこ

とによって、道徳教育、特にその要となる「道徳科」について、これまで研究実践を行ってきた道徳教育の中心的役割を果たしてきた者だけでなく、行政を含め教育関係者全体の関心が高まっていることとして、大いに歓迎すべきことである。しかし、「問題解決的な学習」であるとか、「議論する道徳」への転換とかが大きく取り上げられる中で、「道徳科」の学習について、これまでの「道徳の時間」や道徳教育そのものの在り方までが変わるかのような受け止め方がなされていることについては、十分注意する必要がある。

　確かに、今回教科化され、道徳教育の要としてこれまで以上に重視される「特別の教科　道徳」の在り方が議論されることは、その実質化を図る上で重要なステップであり、そのことにより、全ての学校で、全ての教師によって、その趣旨が共有されることは望ましいことである。しかし、重要なことはどれほど道徳科の授業の在り方やその内容が議論されたとしても、それがそれぞれの学校において、またそれぞれの教師によって具体的に実践されなければ意味がない。これまでも道徳教育に関心のある熱心な実践者や研究者によってすばらしい実践研究は行われてきた。そして、すばらしい実践例は積み上げられてきているのである。しかし、それが、全ての学校や教師、一人一人の児童生徒にまで具現化されていないところに大きな問題があり、そのことが今回の教科化にまで至る背景にあったことに思いが至らない限り、これまでと同じ轍を踏むことになりかねない。

　そこで、今回の改訂の趣旨の具現化を図るためにも、2－（2）でも述べた今後検討すべき課題に即して、その具体的な改善の方向性について以下検討したい。

（2）改善の方向

❶ 道徳教育推進体制の強化

　全ての学校で、全ての教師によって充実した道徳教育、そしてその要となる道徳の授業が実践できるよう「道徳科」の在り方を議論し、その具体化を目指すことは当然である。しかし、それが真に子どもたちの日々の学びとして具現化するには、実際にそれが行われるように年間35時間の道徳科の授業の「量的確保」と「質的充実」を図るとともに、それを支え、

可能にする指導体制や研修体制など道徳教育推進体制の強化を図ることを改善の方向の第一に挙げたい。

　平成10年の学習指導要領の「第3　指導計画の作成と内容の取扱い」において、「校長をはじめ全教師が協力して」道徳教育を展開することや、道徳の時間における指導に当たって、「校長や教頭の参加、他の教師との協力的な指導」、「家庭や地域の人々の積極的な参加や協力」などがはじめて示された。

　そして、平成20年の学習指導要領では、「各学校においては、校長の方針の下に、道徳教育の推進を主に担当する教師（以下「道徳教育推進教師」という。）を中心に、全教師が協力して道徳教育を展開する」ことや、「道徳教育推進教師を中心とした指導体制」の充実が加わり、学校全体で取り組む指導体制が取り上げられている。今回の改正においてもこれらのことが引き継がれている。

　先に見た課題の一つである学校間格差や教師間格差の問題は、道徳教育の実施に際して、各学校の個々の校長および一人一人の教師の資質や努力に、その推進をゆだねるのではなく、学校全体として、保護者や地域の人々、専門家と共に連携協力し、チーム学校として取り組むことを示唆しているとも言えよう。あらためて、校長のリーダーシップのもと、道徳教育推進教師を中心に、学校を挙げて道徳教育の実施に取り組むとともに、個々の教師の道徳授業の指導力の向上を図るためにも、組織的な取組がこれまで以上に求められている。そのことによって、はじめて今回の改訂の趣旨に即した道徳教育の実質化も図られるものと考える。これまでのように「道徳科」の在り方が専門家（研究者や実践家）の間で議論され深められたとしても、それだけでは決して学校現場における道徳教育の充実には直結しないし、一人一人の児童生徒の道徳的な学びの保障にもつながらない。

　「道徳科」の在り方の議論だけでなく、求められる道徳科を要とした道徳教育が、各学校において、一人一人の教師の実践において、一人一人の児童生徒の学びにおいて具現化されるよう、校長がリーダーシップを発揮し、道徳教育推進教師が中心となって道徳教育の指導や研修に、チームとして

第2章　新学習指導要領と生徒指導

取り組む推進体制を工夫することが第一の改善の方向である。チームで取り組むことの重要性は、生徒指導だけでなく、これからの道徳教育においてもこれまで以上に重視することが求められている。

❷　実効性のある道徳教育の具現化

　第二の改善の方向は、今回の改訂において指摘されている「教科等横断的」な指導の視点をこれまで以上に取り入れることである。「いじめ問題」について道徳科の授業を実施するだけでは、実効性のある取組となることは期待できない。道徳科を要として、他の教育活動との関連や、家庭や地域社会との連携による取組を図ることによって、より一層のその指導の効果を高めることができよう。

　このことについては、これまでも道徳教育において、「総合単元的な道徳学習」として実践されてきている。「社会に開かれた教育課程」の視点や、「教科等横断的」な指導の視点を取り入れ、より一層それらの実践について積極的に取り組むことが求められよう。

❸　子どもが主体的に学ぶ道徳科の授業づくり

　第三の改善の方向は、道徳科の学びが、自らの課題とつなげて捉えるとともに、それを他者との対話を通して深まりのあるものとなることである。それは、道徳的価値について単に知識として学ぶのではなく、自らの課題とつなげ、多様な視点から考え、深い学びとすることで、自らの生き方に生きて働く授業づくりを行うことである。つまり、子どもが主体的に学ぶ道徳科の授業づくりである。

　これらの改善の方向を踏まえ、生徒指導に生きて働く道徳教育の推進に向けて、その具体的方策を以下提案したい。

１）チーム学校として取り組む「ローテーション型道徳」

　学年団で同じ曜日の同じ時間に道徳の授業を行う「ローテーション型道徳」という指導体制の工夫である。例えば、中学校で、学年団（３クラス）の教師（担任・副担任も含めて４人）が、それぞれ「十八番（おはこ）」の授業を５時間ずつ行うとする。４人が３クラスで５時間分、それぞれ得意な教材で授業を行うことで、少なくとも20時間分は、担任が一人だけで行うより充実した授業が行われる可能性が高くなる。また、一つの授業を各

87

クラスで（合計3回）行うため、それらの授業については、実施し振り返りを行うことにより、さらなる改善充実を図ることも期待できる。

また、道徳教育推進教師とT. T.を組んだりローテーション型授業の実施に際して、他の教師の実践を参観したりすることで、日々の道徳授業の実践が、子どもにとって充実した授業の具体化としてだけでなく、特別に研修の時間を設けることが難しい昨今の教育現場の状況の中で、個々の教師の指導力の向上のための貴重な研修の機会ともなる。

2）「教科等横断型」の道徳教育の実践

下の**図**は、「人権学習」をテーマに、いじめ問題の解決を目指した道徳教育における「教科等横断的」な指導の実践例（中学校）である。

道徳科においては、学習指導要領（中学校）に示された22の内容項目について、年間35時間の授業を実施することになっている。ただ、一つのテーマ（主題）について一つの教材で学ぶ「1時間1主題」の授業だけではなく、図で示したような、要としての道徳科の授業（A）を中心に、生徒会活動（B）・集会活動「人権集会」（C）・学年団集会（D）などの特別活動や、車いす体験などの総合的な学習の時間（E）等との関連および家庭や地域社会との連携を図った「教科等横断型」の道徳教育の実践が、いじめ問題の解決につながる効果的な指導として、今後一層重視されるもの

＜道徳科の授業（A）＞
①いじめを題材とした資料「聲の形」
②外国人の人権を考える資料「張君の笑顔」
③家族愛を題材とした資料「スダチの苗木」
④自分の差別心と向き合う資料「人の値打ち」

＜生徒会活動（B）＞
SNSをめぐる友人間のトラブルをテーマに、生徒会役員が制作したドラマで問題提起して、全校生が登場人物の気持ちについて考えた。

→

＜総合的な学習の時間（E）＞
競技用車いす体験・選手からの話
（バスケットボールクラブ）
↓
＜集会活動「人権集会」（C）＞
道徳科の授業等で学んだ人権学習の成果の発表を行った。
↓
＜学年団集会（D）＞
人権集会での学びを学年集会で発表し、話し合いを通して深めた。

図 「人権学習」をテーマとした「教科等横断型」の道徳教育の実践
（※香川県高松市立香東中学校の実践事例を基に作成）

となろう。

3）道徳科の特質を生かした授業づくり

　子どもが主体的に学ぶ道徳科の授業づくりのポイントは、「考え、議論する」ことを重視した授業を行うことや、多様で効果的な指導方法を工夫することである。それは、道徳科の特質を生かした授業づくりにつながるものである。

　道徳科の目標として示されている道徳科の特質としての「道徳的諸価値についての理解」と、「自己（人間として）の生き方についての考えを深めること」は、道徳の授業の大前提となるものである。

　今回、道徳の改訂において強調された「考え、議論する」ことを重視した授業を行う上で、道徳科の特質である「自己を見つめ」道徳的価値について自己とのかかわりにおいて捉えることや、一面的な考えから「多面的・多角的な考え」へと深めていくことこそが、子どもが主体的に学ぶ授業改善のための重要なポイントとなる。したがって、そのためにも道徳に係る教育課程の改善方策で示された「多様で効果的な指導方法」を中心に授業づくりの工夫改善が求められる。

　その第一は、多様な考え方を生かすための指導の工夫である。具体的には、「言語活動」を中心に、ペア学習やバズ学習、ディベートなどの話し合いの形態を工夫することや、話し合いだけでなく、ホワイトボードにそれぞれの考えを書いたり、付箋紙を用いて整理しまとめたりするなどの書く活動の工夫も考えられる。また、言語以外に、「心の天秤」や「心情円盤」など非言語による手法を用いて、一人一人の子どもが自分の考えを表出しやすくするよう工夫することが求められる。

　第二は、多面的・多角的な視点から学び合うことのできる指導の工夫である。「問題解決的な学習」はその一つであるが、子ども同士で学び合う学習以外に、「保護者参加型の授業」や「地域の人材を活用した授業」など、子どもたちだけの話し合いからは出てこない多面的・多角的な視点から学びを深めていく学習の場づくりを工夫することが求められる。

　第三は、自らのこととつなげて考えることのできる指導の工夫である。授業において、教材の主人公の視点に立って考えるために、ロールプレイ

を用いた「体験的な学習」を行ったり、日常で体験したことを想起させて、登場人物の考えを共感的に捉えさせたりするなど、道徳的問題を他人事（ひとごと）としてではなく、我が事として捉え考えられるよう工夫することが求められる。

　以上のように、道徳的問題を子どもたちが自らのこととして捉え、主体的で、他者と共に学び合う対話的な、深い学び（道徳科の特質を生かした「考え、議論する道徳」の授業づくり）を基盤とする道徳科を要とした学校の教育活動全体を通じて行う道徳教育の推進を工夫改善することこそ、生徒指導に生きて働く実効性のある道徳教育の具現化につながるものと考える。

[引用・参考文献]
● 中央教育審議会「道徳に係る教育課程の改善等について（答申）」2014 年。
● 中央教育審議会「チームとしての学校の在り方と今後の改善方策について（答申）」2015 年。
● 道徳教育の充実に関する懇談会「今後の道徳教育の改善・充実方策について（報告）」2013 年。
● 教育再生実行会議「いじめの問題等への対応について（第一次提言）」2013 年。
● 文部科学省「生徒指導提要」教育図書、2010 年。
● 文部科学省「道徳教育実施状況調査」2012 年。
● 文部科学省「小学校・中学校学習指導要領　第 3 章 特別の教科 道徳」2015 年。
● 文部科学省「小学校・中学校学習指導要領（平成 29 年告示）解説　特別の教科 道徳編」2017 年。
● 永田繁雄「道徳教育に関する小・中学校の教員を対象とした調査」2010 年。
● 日本生徒指導学会編著『現代生徒指導論』学事出版、2015 年。
● 七條正典・植田和也 編著『道徳教育に求められるリーダーシップ』美巧社、2016 年。

V 新しい学びと学級経営における生徒指導の役割

上越教育大学大学院学校教育研究科教授　高橋知己

1　「新しい学び」に対応した授業革新と生徒指導

　平成30年現在、日本の教育振興基本計画は教育基本法（平成18年法律第120号）に示された理念を実現するために、策定された計画を実現するべく第3期（対象期間平成30年度〜34年度）を迎えている。ここでは、教育の現状と課題を踏まえて2030年以降の社会を見据えて、第2期の「自立」「協働」「創造」の方向性を継承しつつ、目指す個人と社会の姿を示している。平成29年3月および平成30年3月に公示された次期学習指導要領の幼稚園教育要領および小学校・中学校・高等学校の学習指導要領は、政策の実現に向けた施策の一つである。

　今回の改訂の大きな特色として、「子供たちが未来を切り開くための資質・能力を一層確実に育成」すること、「社会に開かれた教育課程」を重視することが挙げられる。これは、これまでのように、ともすると知識や技術を授受することのみを「学習」と考えるような学習観からの脱却を意識したものであると言える。単なる知識の質や量のみを蓄積するようないわば「静的（static）な学習」から、実際の生活の場で主体的に知識や技術を活用することを目指した「動的（active）な学習」への転換を迫るものでもある。主体的・対話的で深い学びの実現とは、まさにこうした「新しい学び」に向けた授業改善を目指している。

　新しい学びには、児童生徒（以下、「生徒」）が課題解決に向けて各教科等での学習によって獲得した知識等を相互に関連づけたり、資料や情報を収集・分析して問題点を見いだし解決策を考えたり、思いや願いを基に創造したりする学習の充実が授業改善には欠かせない。こうした学びの過程

には、個人から他者を経由した社会との関係づくりという視点が必要であると思われる。個人の学修は個人だけで完結するものではなく、むしろ社会とのかかわりの中でこそ、その成果が発揮されるべきものでなければならない。全ての人々が、自らの学びを通して社会の担い手となり、社会をけん引していこうとするのか、ということが教育の目標の根底にある。

　発達心理学や社会心理学において、社会化には教育が大きな役割を果たしていることは、広く知られている。教師が学習内容を解説して理解させ、知識としての定着を目指す受容学習や生徒の関心や動機づけに基づく発見学習、模倣や強化などによる社会的学習など、これまでも我々は、周囲の環境を媒介として多くのことを多様なやり方で学んできている。しかしながら、学習指導要領で謳っている目指すべき姿では、「新たな価値を創造する」個人や「持続的な成長・発展」をする社会を目指すべき姿として設定し、これまでより踏み込んだ形で、積極的に社会とのかかわりをもつ個人や、個人が活躍して継続的に発展する社会を求めている。学校教育において積極的に他者や社会と関わろうとする生徒を育てていくためには、教育課程全体で主体的・対話的な学びが欠かせない。

　学びの場は学校生活全体にある。「生きる力」を学ぶ場は、教室という場だけではなく、生徒の生活全体を通して学ぶことができる。各教科等における学習指導においては、主体的な学びを促すアクティブ・ラーニングを活用した学習が各地で実践されてきており、一定の成果を上げている。一方、教室外の生活における生徒の学びを支えるために行われてきたのが生徒指導である。「生徒指導提要」（2010）によると「生徒指導とは、一人一人の児童生徒の人格を尊重し、個性の伸長を図りながら、社会的資質や行動力を高めることを目指して行われる教育活動」であるとしている。生徒の健全な発達を学習指導と生徒指導は指導の両輪として、生徒の心身の成長を支えてきた。

　ここで学習指導要領と生徒指導提要を比べてみると、両者共に学校生活を通じて生徒が社会と関わり合いながら発達・成長していくことが共通した願いであることがわかる。その願いの実現に向けて、これまではまさに両輪で取り組んできた。ところで、学校生活の中でそうしたすみわけは行

えるのだろうか、必要があるのだろうか、ということについて考えてみたい。

　学習指導する中で誰かが授業を妨害した、一人の生徒の発言を別の生徒がからかったなどという場面は日常的に学校において見られることである。そうした場合に教師が注意するのもまた日常的な光景である。すると、そのやりとりを他の生徒が目撃する。教師は、そうした行為に対してどのような反応をするのか、どのような意思で指導するのかなどについて、逸脱行為をした生徒個人への対応を周囲の生徒全体が見ている。その場面をモデルとして代理強化が行われ社会的学習がなされていると考えられる。学級内でいじめ問題が持ち上がったときに、特別の教科道徳でも取り扱う、教師が毅然とした態度でいじめを見逃さないことなどを伝えるという態度が、生徒のいじめはいけないことだという認識を強化する。

　このように学習指導においても生徒指導は行われていると考えることができる。一方、生徒指導の場面においても、生活態度に関する指導を行っている場面で自己実現の重要性を説いたり個人のキャリアに関するガイダンスやカウンセリングを行いながら説諭を行うこともあるだろう。それはとりも直さず生徒指導に教科学習を活用していることに他ならない。

　学習指導で行われる生徒指導、生徒指導で行われる学習指導を考えたとき、より社会に開かれた学びを展望するこれからの「新しい学び」には、学習指導と生徒指導を一体化し、これまで以上に個人と社会の関係性を追求した指導が必要となる。

2　創発信頼型学級の育成と生徒指導

　生徒の主体的な学びを実現するためには、学校生活のベースである学級経営が重要である。学級経営は生徒の学校生活を支える基となり、学習指導と生徒指導が効果的に機能しなければ難しい。学級は教師と生徒、生徒相互の関係性を軸とした集団である。学級集団への指導の在り方、学級経営を適切に行うことが学習指導と生徒指導を一体化した広義の生徒指導には欠かすことができない。

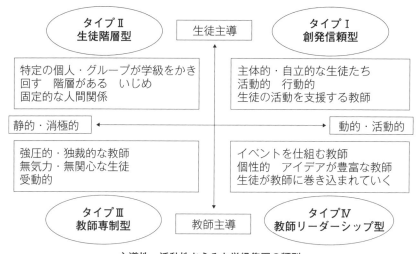

主導性・活動性からみた学級集団の類型

　学級集団の実際はどういう構造になっているのだろうか。蘭・高橋（2016）は学級集団の実態について調査を行い、学級集団の類型化を行っており、学級集団における主導性と活動性から分類すると、学級集団は創発信頼型、生徒階層型、教師専制型、教師リーダーシップ型の四つに類型化されることを提案した。

　創発信頼型の学級集団は、主体的で自立的な生徒たちが主導しており活動的で行動的である。教師は生徒の支援を行っている。生徒階層型は生徒が活動の主体であるが内部に階層性があり、特定の個人が主権を握っている。固定的な人間関係がありいじめが起きやすい。教師専制型は教師が強圧的なふるまいを行いがちであり、生徒が無気力・無関心である。行動は受動的であり積極的な姿勢はあまり見られない。教師リーダーシップ型は、教師のアイデアが豊富でありイベントを仕組むことがうまく、生徒が教師に引っ張られていくことが多い。

　四つの類型のうち生徒階層型と教師専制型はどちらも学級集団としての活動は静的である。生徒集団の積極的な活動はあまり見られない。主導的な一部の生徒や専制的な教師の顔色を伺いながら、周囲に対しては無関心であり自立的な行動をとることがあまりないのが共通して見られる特徴で

ある。それに比べて学級集団が安定しており、活動的で教師のリーダーシップが適切に行われているという意味においては、教師リーダーシップ型と創発信頼型学級は通底したものがあるかもしれない。これまで多くの教師が生徒指導上の必要性から、生徒をうまくリードしていくリーダーシップをもつことを希求していたことも事実である。しかし、それでは生徒の自立性が涵養されないのではないかという危惧がありはしないだろうか。

アイデアの豊富な教師の指示に従いながら学校生活に満足することはあるかもしれないが、それでは自己決定や自立の機会を十分に与えているとは言えない。生徒の安全や安心を確保する配慮を欠かさず、楽しく満足感を与える教師の指導は発達段階に応じてなされるべきであり、これからの学びに対応させる生徒を育成させるためには創発信頼型の学級集団（筆者らは創発学級と呼ぶ）に転換していくことが求められているのではないだろうか。ここで前出の拙著の中で紹介した実例を引用し、実際の創発信頼型の学級集団について概観してみたい。

後味の悪い形で体育祭が終わってしまったが、1ヵ月後に迫った合唱祭に向けて練習を開始した。そんなとき、アンカーを任され（残念ながら失敗し）たU君が「体育祭は全然練習にでなくて迷惑をかけた」とみんなの前で謝り、「合唱祭では体育祭でできなかった優勝をしたい」といった。不良生徒ではあったが、みんなから信頼されている存在だったため、U君の言葉は体育祭での失敗をひきずっていたみんなの気持ちを切り替えさせた。そして、次の合唱祭は頑張ろうという雰囲気をつくりだした。さらにU君は、他の不良の生徒にも働きかけて、練習に参加させたのだった。

体育祭が始まる前にも少しずつではあるが合唱の練習をしていたのだが、彼の言葉を聞き学級全体が優勝したいという気持ちになり、その気持ちが下級生にも伝わり、それまでとは比べものにもならないくらいよく練習をすることができた。これまではまったく練習に参加しなかった不良の生徒たちは毎回参加するようになり、しっかりと声を出すようになった。練習を繰り返すごとによくなっていることを感じながら毎回練習し、どこが悪かったかをみんなで話合い、次回の練習に生かせるよう努めた。体育祭のときと違い、一生懸命練習したため自信すら生まれていた。

そして、合唱祭当日になった。私たちは抽選で最後の出番だった。体育祭のときの悔しさを胸に全員で円陣を組み、そこでU君は「最後に驚かしてやろう」とみんなを盛り上げ、会場に入った。

　開演した。各ブロック課題曲と自由曲の二曲を歌うことになっていた。他のブロックの合唱を初めて聞き、どのブロックも十分練習してきたことが伝わる合唱であった。そして私たちのブロックの合唱になり、これまで練習してきたもの全て出し尽くした。それは、練習でも味わったことがないくらい気持ちのよい合唱で、それまで歌ってきたなかでも一番のできだったように思う。私たちの合唱が終わったとき、会場はとてもざわついていたように感じた。それは他のブロックの友人に後で聞いたのだが、それまでとは比べられないほど私たちの合唱はうまかったらしい。

　結果発表が始まり、三位から読み上げていった。三位、二位と私たちのブロックは呼ばれなかった。残すは優勝だけだった。優勝を発表するときには全員が優勝を確信していた。そして優勝が発表された。私たちのブロックだった。私たちは全員でハイタッチをかわし、全員で喜びを分かち合った。体育祭のリベンジを果たすことができたのである。こんなに変わるのかというくらい、全員の気持ちが一つになったことを感じた。

　もともと不良の生徒が多かったこともあり、欠席者が多くバラバラの学級であった。担任の先生からは直接指導されたわけではなかったように思うが、先生はサポートに回ることで生徒自らが団結して一つのものに向かうときの姿勢を学ばせてくれたのかもしれない。体育祭の優勝を逃した悔しさやU君の働きかけなどもあり、全員がまとまって練習を繰り返し、合唱を工夫して改良し、徐々に力をつけていることを実感できるようになったときには、みんなで団結して合唱祭に向かうことができた。優勝することができた以上に得るものが大きかった。個性が強い生徒たちの集まりであったため、同じ方向に向いたときの団結力は強かった。団結することの楽しさを感じるとともに、印象深い学級になった。

(前掲書 pp.101-103)

　こうした創発信頼型学級の個人と学級集団のミクロからマクロな秩序やルールが形成される機序をモデル化すると次頁の**図**のようになる。教師と生徒間や生徒同士において個別の相互作用がミクロな場面で起こる（①）。ミクロな場面が集団に対して意図することなく影響を自律的に与えていく、

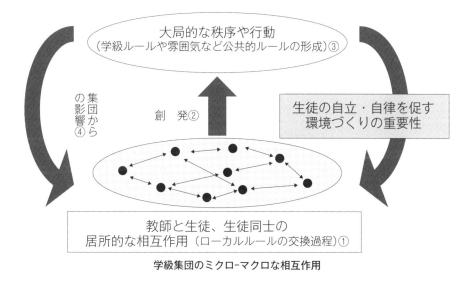

学級集団のミクローマクロな相互作用

創発が起こる（②）。その結果、集団全体にも影響を及ぼし集団の雰囲気やルールなどが次第に形成されていき（③）、集団の大局的な秩序や行動が環境として形成され個人へと影響を及ぼしていく（④）。

　具体的な例で考えてみよう。A君が友人をいじめていたとする。それをとがめた教師は真剣にいじめはいけないことをA君に伝える（①）。その様子を見ていた学級のみんなは（②）、いじめがいけないことでありそれを教師は止めようとしていることを知る。その結果、いじめを止めようという学級風土ができる（③）。その後、ちょっとしたことでいさかいが起こりそうなときには自然に自制したり、周囲の人間が止めるように配慮したりするようになっていく（④）。このような状況が想定される。

　学級集団に対する生徒指導を行う際には、教師による特定の生徒個人に対する生徒指導の影響は決して小さくない。前述のように特定の生徒への指導をモデルとして周囲の子は自らのふるまいを自律的に決定する。社会的に学習しているのだ。これまではともすると、逸脱行為を行う生徒に対して直接的に指導を加えることが生徒指導である、とするイメージが強かったように思われる。しかし、それでは教師の目の届かないところ、直接指導できない場面での生徒の行動に対する指導はなされないことになる。

そうした「直接的な教師による指導」には、やはり限界がある。むしろ生徒自身の内面に非社会的な態度や反社会的な行動に対する「心の砦」をつくっていくことが必要である。そのためには、生徒自らの心に影響を与える学級集団という一つのコミュニティにおいて、逸脱行為は許されないことであるという環境の醸成が不可欠である。そうした環境づくりが、自律的な生徒を生むことにつながっていくと考えられる。そして、その端緒には、教師や友人とのミクロな相互作用が契機になることも忘れてはならない。

3 総合的な学習の時間・特別活動・部活動を活かした 生徒指導の推進

生徒の主体的な学びや自立心を養うためには、自己決定を行う場面や自己有用感、自己肯定感を感得させることが求められる。学習場面では自己の能力を発揮できない生徒がいたとしよう。彼は自己肯定感をもち切れずに学級や学校に対して不満を抱き、ともすると不適応を起こしてしまうかもしれない。そうした生徒に対する対応としては、定着できなかった学習を補完してあげたり個別指導してあげることも考えられるが、もしかすると学習場面ではない別の活躍の場を提供してあげることで自尊感情が喚起される可能性もある。それが、総合的な学習の時間や特別活動、部活動などの時間である。

総合的な学習の時間は、生徒や教師が主体的に地域や個々の関心を取り上げ、情報収集しながら課題解決に向かっていく活動であり、個人の興味・関心を発揮しやすいテーマ設定が可能となる。自らの関心と関連性のある課題設定や得意な作業などが見つかる可能性もある。部活動もまた個人の興味を基に選択されることが多く、経験上の極論を言えば「部活動があるから学校が楽しい」と考える生徒は、決して少なくはないだろう。

さらに特別活動は、より広範に生徒の関与度を高める活動である。学級活動、児童会・生徒会活動、学校行事および小学校ではクラブ活動を含めた内容は、生徒の学校生活のまさに根底に関わる活動となる。学習指導要

領でも特別活動の体験活動の効用に期待する言及があるように、多様な生徒の多様な価値観や関心に応えるであろうと思われる活動が多く含まれている。例えば、創発信頼型学級の事例で紹介した合唱祭や体育祭などでは、集団活動を通じた一体感が醸成されることが期待されるし、活動を通して自らの役割を果たすことが自己有用感を惹起することもあるだろう。学習面で活躍できなかった生徒が懸命に練習しすばらしい成果を上げ、それをみんなに認められることで自己肯定感を増すこともあるだろう。

　それは、何も学校行事という大きな舞台だけに限らない。学級活動における話し合い活動や係活動、委員会活動といった日常的な取組の中でも期待されることである。小集団から大集団までサイズは違っても、多くの友人たちといろいろな場面を通じてかかわりをもつことが社会性を高めていくことにつながると考えることができる。その際に教師は、生徒の自己決定を尊重し、支援に回ることで生徒の自主性や実践的な集団活動を進展させることを企図したい。そこで彼らが学び、獲得すると考えられる資質や能力はとても豊穣で多様なものであると思われる。

　以下の**表**では、特別活動で育成することが期待される資質や能力と集団活動の具体例を示してみよう。

自主的・実践的な集団活動で育てたい資質や能力

資質や能力	集団活動例
人間関係形成力	小集団活動、グループでの学び
アサーション （相手を考えながら自己を表現する）	異年齢集団での交流、遠足・宿泊行事
社会的実践力	ボランティア活動、児童会・生徒会活動
集団適応、集団参加	学級活動、学校行事、合唱コンクール
自尊感情	委員会活動、係・当番活動
規範意識	授業、道徳、集会活動
基本的生活習慣	あいさつ運動、給食・清掃活動、朝夕の会
自己の生き方についての考え	職場体験学習、キャリア教育

多様な生徒が自己肯定感や自己有用感を抱きながら活動できるように、多くの場面を設定することが望まれる。そうしたときに、基本的な考え方として関係性のつなぎ方という視点から活動を構成してみることも有効である。ソーシャルキャピタル（social-capital：社会関係資本）と呼ばれる考え方がある。関係性を一つの財産、資本として見る考え方である。他者と関係性を結ぶことで効率性が上がったり、親和性や社会参画が進んだりということが言われているのだが、こうした考え方を生徒指導や学級経営に対する考え方に援用することができる。

　ソーシャルキャピタルには2種類あると考える。一つは、集団内の関係性を強くする結合（ボンディング：bonding）型、もう一つは集団外へと展開していく橋渡し（ブリッジ：bridge）型である。

　結合型のソーシャルキャピタルを活用することで集団内の関係性を密にし、一体感や所属感を高めるという働きがある。合唱コンクールや体育祭などの学校行事や班などの小集団での活動を行うことは、こうした集団内の関係性を高めることにつながっていく。グループでの意見交換や一緒になって行う活動により、親近感がわき、自己有用感が高まることが期待できよう。

　橋渡し型の活動としては、例えば異年齢集団の活動や部活動などが考えられる。それまでの学級集団中心の活動から1歩外に飛び出し、日常的な集団の枠を越えた活動を行うことで、新たな価値観やふるまいに接することは大きな意味をもつ。学級内のルールとは違うルールに対応することが求められる、そうしたときに生徒の自律性や主体性が涵養されると思われる。例えば、総合的な学習の時間に校外学習を経験したり、特別活動で施設訪問を行う、部活動で対外試合を行ったりするなど、ある意味において異文化との交流を行うことは、生徒の学びや経験を深化させるとともに生徒指導にとっても有意義なことである。

　学びは教室の中だけにあるわけではない。学校生活を中心とした生徒の周辺にある。環境を学習材として、生徒指導の場としてどのように活用していくのかが問われているといえるだろう。

4　各学校の教育推進基本計画・年間指導計画と連動した
　　これらの諸活動の生徒指導案（モデル）の策定

　これからは各校における独自のカリキュラム・マネジメントを行うことが求められるだろう。全国一律のカリキュラムでは、地域の特性や生徒の環境に応じた適切な学びを行うことはできない。その地域のもっている有形無形の伝統や文化、人材などを活用したカリキュラムが必要となる。例えば、地域の伝統である祭りを調べる活動を単元として設定したとする。祭りを担当する人材にインタビューしたり調査したりする活動を総合的な学習の時間で行い、歴史的な背景を社会の時間を使って調べ、国語の時間でパンフレットや学習新聞などにまとめることも考えられる。さらには体育や音楽などの時間を活用し、実際に祭りの担い手から表現活動として学び、学年で特別活動における学校行事として設定して発表会を行うなどの活動に発展させていくことも考えられる。

　地域にある資源を活用しながら、教科横断的に単元を構成し、時には数時間のまとまりで授業を構想して、探求、習得、活用という主体的な学びにつなげていくことは、学習意欲を喚起しよりよい学びに移行していくことにつながっていく。

　このように知識の理解の質を高めながら、表現力や活用力と有機的に連動させたカリキュラム・マネジメントを行うことは、学習に効果的である。総合的な学習の時間や特別活動は、その特質からも数コマ程度のまとまりで、学校の年間指導計画や地域の行事予定などと連動させた計画を立案することでより活動を深化させることができる。例えば、朝や昼、放課後などの15分程度を短時間の授業時間として設定し教科学習に充てたり、小学校ではクラブ活動の時間として45分を超えた長時間設定をしたりということも有効な手立てとなるであろう。

　そうしたときに、生徒や学校、その地域の実態を踏まえた指導計画や時間割の策定が重要になってくる。各学校で抱える課題や現状を踏まえた上で、生徒の学習のリズム、学びの質、学校の教員の特質、地域の教育活動の実態などを考慮しながら年間の指導計画は編成されなければならない。

文部科学省をはじめ、多くの教科書会社等から年間指導計画のモデルに関する提案がされているが、それはあくまで標準的な提案であると考えるべきである。自校にそのまま転用することが可能かどうかはしっかりと判断して活用されたい。

　学校現場において指導計画を立案する際に、現実的にはどうしても動かせない学校行事がある。むしろ学校行事をベースにして年間指導計画を組むことがほとんどであると考えられる。都道府県主催の体育行事や市町村で取り組んでいる行事などがあると、そうした日程からまず設定していかなければならない。そうした固定的な行事と行事の間に自校の行事をどう組み込んでいけばよいのか、と学校長はじめ担当者の教師は悩みが尽きないのが現状である。学習指導要領の改訂により授業時数が増えてきており、年間35週の標準時数をどのように確保するのか、各校のカリキュラムづくりがこれから始まる。生徒や地域の実態を踏まえた最適な年間指導計画、時間割の編成が求められている。

　右頁上に、年間指導計画例を示しておく。これは、各校の指導目標と目指す生徒像、学校行事をベースとして立案している。

　この活動計画例では、学校行事を活用しながら指導目標の重点化を図り、それと各活動を連動させるような計画を構想している。4月には始業式、入学式があり新入生が入学し、上級生もそれぞれ進級する。そこで学級適応を高めることを目標として身につけたい力を設定する。オリエンテーションや新入生を迎える会を生徒会が中心に計画することで生徒指導をスタートさせていく。この時期には学級の組織づくりが行われるが、学級会などで主体的・意欲的に取り組めるように配慮する。特別の教科　道徳を活用しながら集団で行動するための節度や節制について学ぶ。

　6月には、校外での活動が増える時期なので、それに向けた取組を行うことを通して自立心を養うことを目標とし、特別の教科　道徳や学級会での学びにつなげていく。

　個々の学習活動が独立して実施されるのではなく、学校行事と諸活動や学習が連動することでその月なり週単位で重点的に生徒への指導が行えるように計画することが、効果的な生徒指導や深い学びにつながると考える

第2章　新学習指導要領と生徒指導

年間指導計画と連動した活動計画例（中学校）

	4月	5月	6月	7月
指導目標	学校・学級への適応を進める	中間テストへ向けて	中総体、校外学習への取組	期末テスト、学習習慣の確立
身につけたい力 目指す生徒像	学級への所属感、期待感 生活への適応	学習への関心意欲 基本的生活習慣の確立	自立的な行動の育成	行動の振り返り 思いやりの心
学校行事	始業式・入学式	中間テスト	野外学習	期末テスト 終業式
生徒会	オリエンテーション 新入生を迎える会	あいさつ運動	生徒会総会	アルミ缶回収贈呈式
特別活動	学級開き 組織づくり	あいさつ運動、チャイム席の徹底	野外学習の計画づくり	家庭学習を見直そう
各教科　等				
特別の教科道徳	節度・節制	希望と勇気 強い意志 礼儀	自主、自律 友情、信頼	向上心 思いやり 勤労

ことができる。教育活動を体系的に捉えるカリキュラム・マネジメントがこれからの学校教育には従来にも増して重要であると言えよう。

　新しい学びとこれからの生徒指導について概観してきたが、そこにはあるキーワードがあるように思える。それは「ネットワーク（関係性）」である。これまでは、ともすると両輪という言い方により学習指導と生徒指導が結び付けられてきたが、むしろより一体化した形でこの両者は行われるほうが効果的であるし、集団指導と個別指導は相互作用的に影響を及ぼし合っており、切り離すことはできない。年間指導計画において学校の教育目標と学校行事などの諸活動は連動したほうが効果的であり、月目標などが行事や活動と共に策定されたほうが教師にとっても生徒にとってもわか

りやすいものとなるだろう。

　地域や家庭とのネットワークも学校教育にとって重要であることは言う
までもないが、ある事象や活動を単独で考えるのではなく、学校内外にお
けるさまざまなネットワークを基に活動を構想し、PDCA を繰り返しな
がらその中で生徒指導や学習指導を考えていくことが、今後より一層求め
られていくのである。

[引用文献]
● 文部科学省「生徒指導提要」教育図書、2010 年。
● 蘭千壽・高橋知己『創発学級のすすめ』ナカニシヤ出版、2016 年。

第3章

生徒指導は
今日的な課題に
どう取り組むか

I 自己肯定感と生徒指導

奈良女子大学生活環境学部心身健康学科教授 **伊藤美奈子**

1 はじめに

　子どもたちの自尊感情や自己肯定感をめぐっては、政府が主催する「教育再生実行会議」（平成 28 年〜29 年）において議論されるなど、子どもの自己肯定感の低さが重要な教育課題の一つとして捉えられていることがわかる（教育再生実行会議、2017）。

　学校教育の現場においても、子どもたちの自己肯定感の低さが指摘されることは少なくない（伊藤、2016）。筆者も、心理臨床の立場から学校現場に関わるとき、さまざまな事例の中で「自分を受け入れられない子ども」「自己嫌悪に苦しむ子ども」に出会うことがある。例えば、不登校の子どもたちの自己肯定感は低い。友達からの心ない言葉に傷ついたり、部活の人間関係に疲れ果てたり、そんなきっかけで自信をなくし、それが不登校につながることもあれば、その不登校という状況が自らへの評価をますます低下させるという悪循環もある。

　また、本人に非がないにもかかわらず一方的にいじめを受けたり、虐待を受けたりしている子どもたちの自己肯定感も非常に低い。一方的で陰湿ないじめや虐待は、本人の自己肯定感を歪めてしまうだけでなく、生きる意欲まで奪ってしまうことがある。

　他方、発達的なしんどさを抱えた子どもたちにも自己肯定感の低さが見られることがある。もちろん、発達障害を抱えていても、周りが適切に対応・支援してくれれば、本人の自己肯定感は傷つかない。ところが、努力ではどうにもならない特性を非難され続けたり、その障害ゆえにいじめられたりした結果、自己肯定感が低下してしまうこともあるだろう。非行に

走る子どもたちは、見かけ上は「強そう」であったり攻撃的に見えたりするが、それは本物の「強さ」ではなく、もろい自我を守るための鎧であることも多い。さらに、こうした自己肯定感の傷付きは、抑うつや無気力、自傷行為や自殺などの深刻な事態を生んでしまうこともある。

このように、自己肯定感の低さがさまざまな「問題」の原因になる場合もあれば、学校・家庭、さらに個人的要因も含んだ「問題」が自己肯定感の低下をもたらす場合もある。

2　国際比較より

この自己肯定感に注目するとき、日本の子どもたちの自己肯定感の低さが取り上げられることは多い（国立青少年教育振興機構〔2015〕；日本青少年研究所〔2012〕など）。米国、中国、韓国に比べても、日本の子どもたちは「自分はダメな人間だ」という意識が強いことがわかる（**図1**）。しかも、他の国々より低いだけでなく、ここ20年くらいの期間の中で見てみると、2011年から2014年にかけて、やや好転したものの、1980年に比べて2000年代以降も「とくにそう思う」と明確に自己否定する子どもの比率は高く、心配な状況に歯止めがかからない（**図2**）。

もちろん、国境を越えての比較については文化の違いもあり、その解釈には慎重さが必要であろう。しかし、同じ日本のデータを見ても、1980年

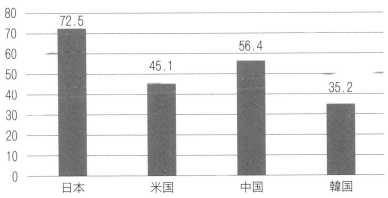

図1　「自分はダメな人間だ」（国立青少年教育振興機構、2015より）

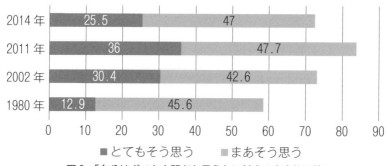

図2 「自分はダメな人間だと思う」に対する肯定的回答
（国立青少年教育振興機構〔2015〕、日本青少年研究所〔2012〕より）

に比べて2014年のほうがより自分を否定する方向に変化しているのは、気になる結果である。

3 東京都での実践的研究

こうした現状に対し、自己肯定感に注目して教育を見直そうという動きは少なくない。今回は、その中でも筆者自身が関わった東京都の実践研究「子供の自尊感情や自己肯定感を高めるための教育の充実」を紹介しつつ考察したい。

筆者自身がこの研究に携わった当初、学校現場からは、自尊感情・自己肯定感を高めることの必要性を支持する多くの意見が寄せられた。しかしその半面で、「自尊感情」という言葉については、「今の子どもたちの自尊感情は十分に高い。これ以上高める必要があるのか？」という意見が（少数ではあるが）あり、戸惑いを覚えた。

心理学で用いられる「自尊感情」とは、「自分が価値のある、尊敬されたい、すぐれた人間であるという感情」であり、肯定的な意味で用いられる。その意味から考えると「高すぎて困る」ということはあり得ない。しかし他方、一般用語である「自尊心」という言葉には「自分の人格を大切にする気持ち。また、自分の思想や言動などに自信を持ち、他からの干渉を排除する態度。プライド」（『大辞泉』）という意味が掲げられている。自分を

第 3 章　生徒指導は今日的な課題にどう取り組むか

尊重する気持ちが、他者への敬意や感謝を忘れて自分だけに向かうとき、それが他者否定や唯我独尊状態に陥らないとは限らない。先述したような学校現場から寄せられた意見には、この「自尊心」に含まれる"マイナスのニュアンス"が反映されたものと考えられる。

　こうした用語上の混乱もあるため、以下の本論では、既刊の尺度名については「自尊感情」という名称をそのまま用いるが、それ以外の本文では、「自尊感情」とほぼ同様の意味をもちつつ評価的なニュアンスの薄い「自己肯定感」、または「自尊感情・自己肯定感」と併記する形で述べることにする。

4　自尊感情・自己肯定感の測定方法

　この自尊感情・自己肯定感を質問紙法により明らかにしようとしたのが、ローゼンバーグ（1965）である。自尊感情が「非常によい（very good）」と「これでよい（good enough）」という 2 側面から捉えられ、特に後者（good enough）に注目し測定尺度が開発された。この尺度は 1 次元 10 項目（例：「私はすべての点で自分に満足している」など）と少ないため、他の尺度と掛け合わせるにも使いやすく、世界各国で使われ多くの研究で重要な知見を生み出してきた（小塩、2018）。

　しかし、1 次元尺度では、先述したような"歪んだ自尊心"との区別が十分にはできない可能性があることを踏まえると、学校という集団生活の中で必要とされる自尊感情・自己肯定感については再考する必要がある。自尊感情・自己肯定感をマイナスにしないため、つまり"うぬぼれ"や"自己中心"というニュアンスと区別するために、従来の自尊感情尺度を参照しつつも、「人との関係の中に開かれていること」「社会とのつながりの中に開かれていること」「今だけでなく、将来にも開かれていること」という要素を含み込むことが求められた。そこで作成されたのが東京都版自尊感情尺度項目である。信頼性・妥当性を確認した上で、3 因子 22 項目を確定した（詳しい手続きについては、東京都教職員研修センター〔2011〕；伊藤・若本〔2010〕参照）。「自分のことが好きである」「自分に満足している」など＜自己評価・受容＞ 8 項目、「私はほかの人に理解されている」「周り

の人に感謝している」など＜関係の中での自己＞7項目、「正しいと思うことは主張できる」「自分のことは自分で決めたい」など＜自己主張・決定＞7項目の3つの得点が算出され、それぞれの得点の高さに加えて、3得点のバランスに注目することが可能になった。

5　自尊感情・自己肯定感の発達的変化より

　この尺度を、小学5年生から高校3年生までの子どもたちに実施した結果が図3である。グラフからも明らかなように、自尊感情・自己肯定感3要因のうち、中核ともいえる＜自己評価・自己受容＞は、思春期が始まる小学校高学年から得点が低下し、中学と高校では低いまま横ばいとなる。他方＜関係の中での自己＞＜自己主張・自己決定＞の二つは、年齢による顕著な低下が見られないことが確認された。やはり多くの青年期理論が示唆するように、時代や文化を超えて、"身体の変化によって始まり情緒面にもその揺れが連動して起こる思春期"（伊藤、2006）には自己否定や自己嫌悪に陥りやすいことが明らかになった。

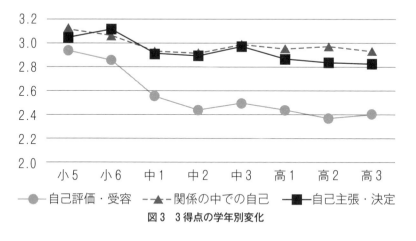

図3　3得点の学年別変化

　ではなぜ、小学生後半から中学・高校生という思春期の時期に、自尊感情・自己肯定感は低下するのだろうか。一つは、思春期に高まる自己意識の影響があるだろう。小学校も半ばになると、自分のことを客観的に眺め

ること（内省）ができるようになる。その際、「ぼくはみんなに〜と思われ
ている」「私はみんなから〜と見られている」というように、友達や親、先
生という重要な他者のまなざしを通して自分を眺める（評価する）ことが
多い。しかも、その「人のまなざし」は自分でつくり出したもの（自分の
気持ちが投影されてつくられたもの）であるので、その時々の自分の気分
に影響されることになる。

　さらに、人が自分を見つめるのは、何かに挫折したときや孤独なときな
ど、心理的にネガティブな状態にあることが多い。そのため、人からの評
価もどんどん悪いほうに想像してしまい、そのフィルターを通して自分を
眺めることにより、ますます自己評価を下げてしまうという負のスパイラ
ルが発動する。また、人の存在そのものが気になるのも、この時期の特徴
である。人との比較に走り、「人ができるのに、自分にはできないこと」
「人はもっているのに自分にはないもの」が見えてしまった結果、自らの評
価が低下するとも考えられる。

　他方、思春期というのは、自分の現状（性格や適性、能力など）を把握
し、その上で現実自己に根差した理想や目標が語られ始める頃でもある。
それに向かって努力する半面で、目標に届かない現実の自分に直面し、自
信をなくしたり自暴自棄になったりすることもある。その結果、自尊感情
や自己肯定感が引き下げられるという事態も起こりうる。

　このように、自尊感情・自己肯定感の低下は、現象としては歓迎すべきこ
とではない。それを体験する子どもたちにとっても、自らを否定するまな
ざしの強さが心身に負の影響を与える危険性は高い。しかし、見方を変え
ると、ここで起こっている自己否定や自己嫌悪というのは、自己意識・他者
意識が共に高まり自らを客観的に内省できると同時に、他者の思惑が想像
できるようになった結果として生じうる現象であるとも考えられる。さら
には、自己否定の裏側にある自分への失望や不全感も、夢や理想に向けて頑
張って努力しているからこそ生じる、成長希求に裏打ちされたものと言い
換えうる。そういう意味では、思春期に見られやすい自己肯定感の低下は、
自己と向き合い人との関係にも配慮できるという成長の裏返しであり、努
力し頑張る過程で生まれる副産物であると捉えることもできるだろう。

6 自己肯定感を高めるには─褒めると叱る─

　では、子どもたちの自己肯定感を高めるには、どのようなかかわりが必要であろうか（以下、伊藤〔2017b〕より）。「褒めて育てろ」「褒めて伸ばそう」という言葉が、育児書だけでなく、教育やスポーツの世界などでも盛んに言われる時代である。子どもの"いいとこ探し"に努め、上手にフィードバックすることが、子どものやる気を伸ばし、成功体験がさらなるやる気を生むという見方である。しかし褒めることがいつも成功するとは限らない。一方的に褒められるとき、大人の言葉の裏に隠された「もっと頑張れ」という要求を敏感に察知する子どももいる。さらに、子どもたちは、人と比較された上での「褒める」「貶す」には敏感である。褒めるのなら、子どもに向き合い具体的に本気で褒めることが大切である。他方、思春期にさしかかった子どもに対しては、単純に「すごいね」という褒め言葉よりも、「〜してくれて先生は助かったよ」「あなたがいてくれてよかった」という感謝の言葉にするほうが受け止めやすいこともある。

　このように考えると、褒めることも決して簡単なことでないとわかる。では、叱ることはどうであろうか？　現代社会においては「叱られる＝傷つく」と受け止める風潮が強くなっており、「打たれ弱い」「傷つきやすい」子どもが増えている。

　ここで、一つのデータ（未公刊）を紹介する。小学生 2,465 人、中学生 3,615 人、高校生 6,136 人を対象に、これまでに周りの大人に「褒められた」「叱られた」経験量を、「大いにしてもらった」「してもらった」「あまりしてもらっていない」「してもらっていない」の 4 件法で尋ねた。その結果と自己肯定感得点（伊藤ほか〔2017〕より：＜自己評価・受容＞＜関係の中での自己＞＜自己主張・決定＞の合計）との関連をスピアマンの相関係数で算出したのが表 1 である。発達段階にかかわらず、褒めてもらった経験が多いほど、自己肯定感得点は高くなることがわかる。しかし、両者の関係は、年齢とともにわずかずつ弱まる傾向がある。

　一方、叱ってもらった経験量は、小学生では相関が見られないのに対し、中学生から高校生と進むにつれて、ごく弱い正の相関が徐々に高まってい

第3章　生徒指導は今日的な課題にどう取り組むか

くことがわかる。小学生段階では、叱られるより褒められるほうが自己肯定感を支えるが、年齢とともに、褒めてもらうことと自己肯定感との関連が相対的に低下し、中学生以降では、褒められることに加えて叱ってもらえることが（ごく弱い関連ではあるが）プラスの意味をもつことが示唆された。褒めるにせよ叱るにせよ、自分のことを思って"してもらえている"と子ども自身に認識される体験の豊かさが、子どもたちの自己肯定感を支えているといえる。

表1　褒められる・叱られる経験と自己肯定感との関連（校種別）

	小学生	中学生	高校生
褒めてもらった経験	.490***	.410***	.386***
叱ってもらった経験	.014	.176***	.163***

7　自己肯定感といじめ

次に、生徒指導上、大きな課題となっているいじめについて自己肯定感という切り口から検討したい。

心理臨床の現場で出会ういじめ被害者の訴えを聞いていると、その自己肯定感の低さを実感させられる。では一方、いじめに走る子どもたちの自己肯定感はどうなのだろうか。いじめ加害・被害と自尊感情（自己肯定感）との関連を調べた伊藤（2017a）のデータを再分析した。文科省が挙げる8種類のいじめについて、いずれか1種類以上のいじめ被害に遭ったことの有無（今受けている・過去に受けた・被害はない）と、それぞれのいじめをした経験の有無（これまでにいじめたことがある・いじめたことはない）を組み合わせて6群に分類し、各群の自己肯定感得点（先述の3得点の中から「自己評価・受容」と「関係の中での自己」に注目）を算出し、被害・加害の経験を2要因とする分散分析を実施した（**図4**）。

「自己評価・受容」については、いじめ被害による主効果のみが有意で（F = 46.29, p ＜.001）、今いじめられている群の得点が最も低く、いじめ被害のない群が最も高かった。一方「関係の中での自己」は、いじめ被害・

113

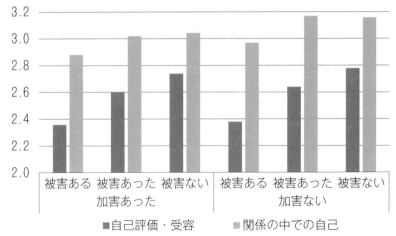

図4　いじめ被害と加害のタイプによる「自己評価・受容」と「関係の中での自己」（中学生）

加害とも主効果が有意で（F = 11.73, p ＜.001；F = 441.14, p ＜.001）、交互作用は認められなかった。これにより、人との関係性における自己肯定感については、いじめ被害による差異よりも加害経験の有無による差のほうが大きく、いじめ被害に加害経験が加わると、さらに人間関係における自己肯定感は低下することが示された。

　この結果は、どのように解釈すればいいのであろうか。いじめ被害の渦中にある子どもの自己肯定感は大きく傷ついているが、その経験が「過去のもの」として昇華されることで、自己肯定感も復活することが示唆された。しかし、人間関係における自己肯定感（「関係の中での自己」）は、いじめた経験が加わると、さらに低くなる。この結果については"いじめをした子どもたちの自己肯定感が下がる"と解釈すべきなのか、それとも"もともと自己肯定感が低い子どもがいじめる側に回りやすい"と理解できるのか、いずれであろう。

　心理臨床の現場で出会うケースを思い出すとき、いじめに走ってしまった子どもたちの中には、どこかコンプレックスや傷つきを抱えていたり鬱憤がたまっていたり、そのストレスを解消するために弱い者をターゲットにしているケースがある。いじめられた子どもが、立場を換えて仕返す（いじめる）側に回るのもその一つであろう。いじめ加害者は、暴力や非

行・犯罪に走る少年たちと同様、見かけ上は「強そう」に見えても、心の中には自己肯定感の傷つきや歪みがあるのであり、いじめはそれが誤った形で行動化されたものと捉えられよう。

　以上のように、いじめの経験は、被害者・加害者ともにさまざまな形で子どもの心に大きな影響を及ぼすことが示唆された。いじめを受けることで心身共にダメージを受けることは広く認識されており、スクールカウンセラー等の活用により組織的に対応すべきことも指摘されるとおりである。しかし、被害者のケアという対処療法だけではいじめはなくならない。今回の結果からも指摘されたように、いじめる側に回る（回った）子どもたちが抱える問題—特に人間関係における自己肯定感の低さ—もある。特に人間関係における自己肯定感の低さを早期に発見し、早期に対応することができれば、いじめそのものを予防する手立ての一つになりうるのではないだろうか。

8　自己肯定感からみた不登校の＜現在＞＜過去＞＜未来＞

　最後に、不登校と自己肯定感との関連について検討したい。中学校における心理臨床の現場でも、卒業まで不登校を続けた子どもたちを高校に送り出すことは多い。不登校生徒に関する追跡調査研究会(2014)によると、平成18年度に中学3年生で不登校であった生徒の85.1%は高校に進学している。

　平成5年度に中学を卒業した不登校生徒たちの進学率が65.3%であったことを思うと、この13年の間に高校進学率はずいぶんと改善していることがわかる。そして高校中途退学も大幅に改善され、37.9%から14.0%へと減少している。義務教育段階で不登校を経験した多くの生徒たちが高校に進学し、中退せずに高校を卒業できる時代になった。

　しかし不登校経験のない生徒たちの高校進学率や中退率に比べると、まだ現状に課題はある。

　ここで、一つの調査結果を紹介したい。中学校時代に不登校を経験した高校生を対象に行った調査の一部である（伊藤〔2012〕と同様の調査を、広域通信制高校に通う高校生2,618人を対象に実施した）。現在の「自己

肯定感」得点、「不登校という＜過去＞への認識」（プラスだった・ややプラスだった・ややマイナスだった・マイナスだったの4択）と「将来への自信」得点に注目する。

まず、中学校時に不登校を経験した生徒 (1,965人：75.1%) と経験しなかった生徒 (653人：24.9%) を比較してみると、＜現在＞の自己肯定感得点に有意差は見られなかった ($t(2381) = 1.53, p > .1$)。これら不登校経験を有する生徒たちも、中学生当時の自己肯定感は高くはなかったと予想される。

ところが、高校になり自分に合った高校に毎日通えるようになった今では、自己肯定感得点は不登校経験のない生徒と変わらない。つまり、中学校時代の不登校経験という＜過去＞が、そのまま＜現在＞の自己肯定感を決定するとは言えないことがわかる。

では、不登校経験者は、高校に入学した現在、不登校という＜過去＞をどう捉えているのであろうか。本研究では、プラス、ややプラス、ややマイナス、マイナスの4群に分けたところ、不登校経験者がほぼ均等に4分された。これらと登校群を合わせた5群で自己肯定感得点の比較を行った結果（**図5**）、群間差が大きく見られた（$F(3/1614) = 29.93, p < .001$)）。自己肯定感が最も高いのは不登校プラス群、最も低いのはややマイナス群・マイナス群となり、ややプラス群は、その中間に位置していた。

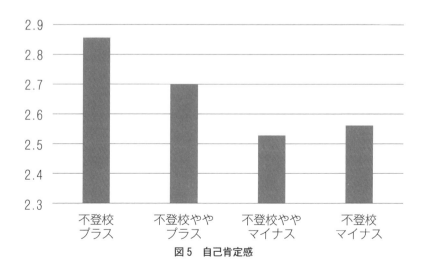

図5　自己肯定感

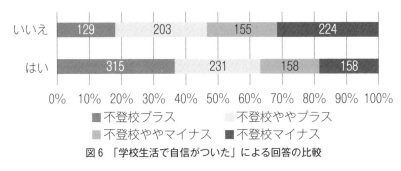

図6 「学校生活で自信がついた」による回答の比較

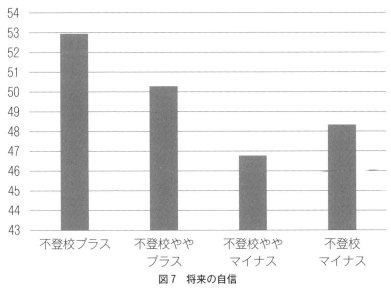

図7 将来の自信

　さらに、現在への満足感を示唆するもう一つの指標として＜学校生活で自信がついた＞という項目を取り上げた。

　不登校経験者のみを取り上げ、この項目への回答（はい・いいえ）別に、不登校についての評価4群の分布を調べた結果（図6）、「いいえ」群（711人）より「はい」群（862人）のほうが、不登校に対して肯定的に認識していることがわかった（$\chi^2(3) = 77.38, p < .001$）。また、将来展望の一つ「将来への自信」を意味する得点でも、不登校プラス群が最も高く、ややマイナス群とマイナス群が低いという結果になった（図7；$F(3/1614) = 31.46, p < .001$）。

以上により、自己肯定感の高さが、自分の＜過去＞を前向きに捉え直すことと関連し合い、この＜過去＞を受容する気持ちと＜将来＞への明るい展望とが響き合う関係にあることが示された。つまり、子どもたちの自己肯定感は、＜過去＞の有り様そのものから決定されるのではなく、＜現在＞の自己の捉え方（＜現在＞の自分をありのままに認め評価できる気持ち）が、不登校という＜過去＞の自分に対する見方を変え、さらには＜将来＞への自信にもつながるという可塑性と広がりをもっていることが確認できた。子どもたちが自らの＜過去＞を受容し、前向きに生きていく底力を獲得するためにも、今を生きる子どもの自己肯定感を育てる取組は不可欠であるといえよう。

9　より健全な成長のために

　思春期という発達段階がもつ特徴ゆえに、中学から高校にかけて自己肯定感が低下することは「自明なこと」のように思われる。しかし、先述したように、自己肯定感の高さが"健康""適応""安定"と正の関連をもつのであれば、やはり低下することは望ましいこととは言い難い。自己否定になりやすい思春期に、いじめを受けたり不登校になったりすることによる心理的影響が看過できないのもこうした事情が背景にある。

　ただし、自己肯定感は、遺伝的・先天的に固定されているのではなく、周りとの関係性やその時々に子どもたちが置かれた環境、さらにはそこで出会う経験の質により変動するものと考えられる。今回のデータが示唆したように、どんな過去を背負う子どもたちにおいても、その後の出会いや経験によって自分に対する認識や評価を変えることができれば（自己肯定感を獲得できれば）、その過去の自分を捉え直し、新たに意味づけをすることができるであろう。そして、過去を肯定的に意味づけることができれば、将来に対する展望も開けうる。

　子どもたちの心の問題が指摘される現代社会においては、自己肯定感が傷ついた子どもたちの早期発見や支援のみならず、子どもたち全ての健全な成長のためにも、ふだんの教育活動を通して健全な自己イメージを醸成

第 3 章　生徒指導は今日的な課題にどう取り組むか

する取組が緊喫の課題であるといえよう。教育というかかわりにより、子どもたちの"今"を豊かなものにすることに、大きな課題（難しさ）と同時に、さらに大きな期待を感じずにはいられない。

[引用文献]

- 遠藤辰雄・井上祥治・蘭千壽編『セルフ・エスティームの心理学―自己価値の探求―』ナカニシヤ出版、1992 年。
- 不登校生徒に関する追跡調査研究会「不登校に関する実態調査―平成 18 年度不登校生徒に関する追跡調査報告書」2014 年。
- 伊藤美奈子「思春期・青年期の意味」伊藤美奈子編著『思春期・青年期臨床心理学』朝倉書店、2006 年、pp.1-12。
- 伊藤美奈子「不登校経験者の『過去』『現在』『未来』―チャレンジ高校に在籍する生徒を対象とした調査より―」『慶應義塾大学教職課程センター年報』20、2012 年、pp.113-128。
- 伊藤美奈子「学校現場で求められる"自尊感情"と不登校」『生徒指導学研究』15、2016 年、PP.16-23。
- 伊藤美奈子「いじめる・いじめられる経験の背景要因に関する基礎的研究―自尊感情に着目して」『教育心理学研究』65、2017 年、pp.26-36。
- 伊藤美奈子「もっと叱ってほしい、もっとほめてほしい―先生に『かかわり』を求める子どもたち」『児童心理』1044、2017 年、pp.1-10。
- 伊藤美奈子・若本純子「学校現場で求められる自尊感情の再吟味と、測定尺度の作成」『慶應義塾大学教職課程センター年報』19、2010 年、pp.71-90。
- 伊藤美奈子・森下文・金子恵美子・向出章子・古賀裕美「児童生徒理解のための多次元尺度の開発―項目収集と入力システム―」『日本教育心理学会第 59 回総会発表論文集』PC57、2017 年。
- James,W. (1890). Principles of psychology (2 vols). New York:Holt.
- 国立青少年教育振興機構「高校生の生活と意識に関する調査報告書―日本・米国・韓国との比較―」『調査研究報告書』2015 年。
- 教育再生実行会議「自己肯定感を高め、自らの手で未来を切り拓く子供を育む教育の実現に向けた、学校、家庭、地域の教育力の向上」（第十次提言）2017 年。
- 松村明監、小学館国語辞典編集部編『大辞泉』小学館、2012 年。
- 日本青少年研究所「高校生の生活意識と留学に関する調査―日本・アメリカ・中国・韓国の比較―」2012 年。
- 小塩真司「自尊感情の測り方」『児童心理』1056、2018 年、pp.46-51。
- Rosenberg.M. (1965). Society and adolescent self image. Princeton. Princeton University Press.
- 東京都教職員研修センター『自信 やる気 確かな自我を育てるために―子供の自尊感情や自己肯定感を高める指導資料』（基礎編）2011 年。

生徒指導におけるインクルーシブ教育の視点

独立行政法人国立特別支援教育総合研究所　笹森洋樹

1　障害者の権利に関する条約の採択から障害者差別解消法の施行まで

　平成18年12月に国連総会において採択された「障害者の権利に関する条約」について、我が国も平成19年9月に署名し、平成26年1月（同年2月発効）に批准した。この間、障害者基本法の改正、障害者差別解消法の制定など、障害者に関する一連の国内法の整備が行われた。障害者の権利に関する条約が批准され、我が国においても、年齢や障害の有無等にかかわりなく、誰もが安全に安心して暮らせる「共生社会」の実現を目指していく。「共生社会」とは、これまで必ずしも十分に社会参加できるような環境になかった障害者等が、積極的に参加・貢献していくことができる社会である。誰もが相互に人格と個性を尊重し支え合い、人々の多様な在り方を相互に認め合える「全員参加型の社会」である。

　障害者の権利に関する条約の署名から批准までの間に、関連した法案が制定され、報告がまとめられた。教育に関連の深い主なものを**表1**に挙げておく。

　障害者基本法では、第2条（定義）において、障害者とは、「身体障害、知的障害、精神障害（発達障害を含む。）その他の心身の機能の障害（以下「障害」と総称する。）がある者であって、障害及び社会的障壁により継続的に日常生活又は社会生活に相当な制限を受ける状態にあるものをいう。」と定義された。社会的障壁については、第2項で、「障害がある者にとつて日常生活又は社会生活を営む上で障壁となるような社会における事物、制度、慣行、観念その他一切のものをいう。」と示されている。事物とは通行

第 3 章　生徒指導は今日的な課題にどう取り組むか

表 1　教育に関連した法案・報告

平成 18 年 12 月	国連総会において障害者の権利に関する条約を採択
平成 19 年 4 月	特別支援教育の本格的実施。「特殊教育」から「特別支援教育」へ
平成 19 年 9 月	障害者の権利に関する条約の署名
平成 23 年 8 月	障害者基本法の改正
平成 24 年 7 月	中央教育審議会初等中等教育分科会報告「共生社会の形成に向けたインクルーシブ教育システム構築のための特別支援教育の推進」
平成 25 年 6 月	障害者差別解消法の制定
9 月	学校教育法施行令の改正「就学制度の改正」
平成 26 年 1 月	障害者の権利に関する条約の批准
平成 27 年 11 月	障害者差別解消法に基づく文部科学省所管事業分野の対応指針の策定
平成 28 年 4 月	障害者差別解消法の施行

や利用のしにくい施設や設備等、制度とは障害者にとって利用しにくい制度等、慣行とは障害者の存在を意識していない慣習や文化等、観念とはいわゆる障害者への偏見などである。

　これは障害者が受けている制限を病気や症状に着目する「医学モデル」ではなく、障害とは社会におけるさまざまな障壁と相対することで生じるとする「社会モデル」の考え方である。

2　障害者の権利に関する条約とインクルーシブ教育システム

　インクルーシブ教育システムについては、「障害者の権利に関する条約」の第 24 条教育の項でふれられている。そこでは、障害者を包容するあらゆる段階の教育制度（inclusive education system）および生涯学習を確保すること、障害者が障害に基づいて一般的な教育制度（general education system）から排除されないこと、および障害のある児童が障害に基づいて無償のかつ義務的な初等教育から、または中等教育から排除されないこと、障害者が他の者との平等を基礎として、自己の生活する地域社会において障害者を包容し、質が高く、かつ無償の初等教育を享受することができること、および中等教育を享受することができること、個人に必要とされる合理的配慮が提供されることなどが述べられている。

121

中央教育審議会の「共生社会の形成に向けたインクルーシブ教育システム構築のための特別支援教育の推進（報告）」（以下、「中教審報告」）には、現時点での我が国におけるインクルーシブ教育システム構築に向けた考え方、取組の方向性が示されている。同報告には、「共生社会の形成に向けて、障害者の権利に関する条約に基づくインクルーシブ教育システムの理念が重要であり、その構築のため、特別支援教育を着実に進めていく必要がある。」ことが述べられている。

学校教育は、障害のある子どもの自立と社会参加を目指した取組を含め、共生社会の形成に向けて、重要な役割を果たすことが求められてくる。その意味で、共生社会の形成に向けたインクルーシブ教育システム構築のためには、これまでも推進してきた特別支援教育についての基本的な考え方、意義および目的が学校教育関係者だけでなく、地域の人たちにも十分に理解され、必要な情報が共有されることが大切である。また、インクルーシブ教育システムは、人間の多様性の尊重等の強化、障害者が精神的および身体的な能力等を可能な最大限度まで発達させ、自由な社会に効果的に参加することを可能とするとの目的のもと、障害のある者と障害のない者が共に学ぶ仕組みである。

つまり、インクルーシブ教育システムは、単に障害のある人と障害のない人が同じ場で学ぶことや、同じ学習の機会を保障することのみを考えるのではなく、人間の多様性というものをこれまで以上に尊重し、障害のある人たちが精神的、身体的な能力等を最大限まで発達させて、自由な社会に効果的に参加できるようになることを目的とした取組として展開されていかなければならないということである。

3　合理的配慮と社会的障壁の除去

合理的配慮については、「障害者の権利に関する条約」第2条において以下のように示されている。合理的配慮とは、「障害者が他の者と平等に全ての人権及び基本的自由を享有し、又は行使することを確保するための必要かつ適当な変更及び調整であって、特定の場合において必要とされるも

のであり、かつ、均衡を失した又は過度の負担を課さないものをいう」とされている。インクルーシブ教育システムの構築に向けた取組において、合理的配慮の提供が必須になる。合理的配慮は一人一人の障害の状態や教育的ニーズ等に応じて決定されるものであり、設置者・学校と本人・保護者により、発達の段階を考慮しつつ、観点を踏まえ、可能な限り合意形成を図った上で決定し、提供されることが望まれる。合理的配慮は発達の程度や適応の状態等によっても変わり得るものであり、柔軟に見直しを図る必要があり、子どもに十分な教育が受けられるように合理的配慮が提供できているかという観点から評価することが重要になる。

「障害者差別解消法」(平成28年4月)において、障害者から社会的障壁の除去を必要としている旨の意思の表明があった場合は、その実施に伴う負担が過重でないときは、障害者の権利利益の侵害とならないよう、社会的障壁の除去の実施について合理的配慮を行うことを求めている。本人からの意思の表明が困難な場合には、家族等のコミュニケーションを支援する者が本人を補佐して行う。また、意思の表明がない場合でも、社会的障壁が明白な場合には合理的配慮が提供されなければならない。合理的配慮

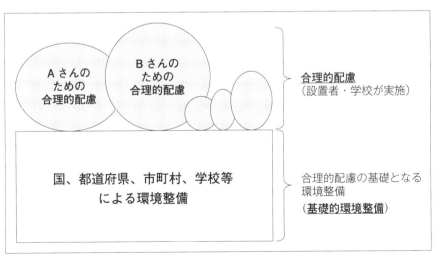

図　合理的配慮と基礎的環境整備の関係図
(中央教育審議会初等中等教育分科会、2012)

は、障害者が受ける制限は、障害のみに起因するものではなく、社会にお
けるさまざまな障壁と相対することによって生じるものとする、いわゆる
「社会モデル」の考え方を踏まえたものであることを認識しておく必要が
ある。

4　特別支援教育の充実がインクルーシブ教育システム構築の基盤

　インクルーシブ教育システム構築には特別支援教育の充実が基盤となる。
特別支援教育は、障害のある子どもの自立や社会参加に向けた主体的な取
組を支援する視点から、一人一人の教育的ニーズを把握し、そのもてる力
を高め、生活や学習上の困難を改善または克服するため、適切な指導および
必要な支援を行うものである。さらに、特別支援教育は、障害のある児
童生徒への教育にとどまらず、障害の有無やその他の個々の違いを認識し
つつ、さまざまな人々が生き生きと活躍できる共生社会の形成の基礎とな
るものである。一人一人を大切にする教育の充実とは、個別的な指導を充
実させるということだけでなく、集団の中の個人、集団を構成する一人一
人のことを大切にする教育を充実させるということでもある。合理的配慮
が個への支援とすれば、その基礎となる環境整備は個も含めた集団への支
援とも考えられる。そこには、一人一人の児童生徒に寄り添う学級経営や
生徒指導の充実が大切であり、誰もがわかる授業づくりなども求められて
くる。

　「特別支援教育の推進について（通知）」（平成 19 年 4 月）には、生徒指
導上の留意事項についても以下のように示されている。

　「障害のある幼児児童生徒は、その障害の特性による学習上・生活上の困
難を有しているため、周囲の理解と支援が重要であり、生徒指導上も十分
な配慮が必要であること。特に、いじめや不登校などの生徒指導上の諸問
題に対しては、表面に現れた現象のみにとらわれず、その背景に障害が関
係している可能性があるか否かなど、幼児児童生徒をめぐる状況に十分留
意しつつ慎重に対応する必要があること。そのため、生徒指導担当にあっ
ては、障害についての知識を深めるとともに、特別支援教育コーディネー

ターをはじめ、養護教諭、スクールカウンセラー等と連携し、当該幼児児童生徒への支援に係る適切な判断や必要な支援を行うことができる体制を平素整えておくことが重要であること。」

生徒指導も特別支援教育も一人一人についての児童生徒理解から始まる。そして全ての教職員による全校体制で取り組むことが重要であり、積極的に関係機関等とも連携を図りながら進めていく必要がある。学校生活において、障害の有無にかかわらず望ましい人間関係を構築することが重要であり、誰もが自己実現を図ることのできる集団づくり、それが共生社会の形成を目指していくということである。

学校現場においては、学校生活に何らかの困難さを抱えている児童生徒の気づきから特別支援教育がはじまる。障害名や診断名は特性理解の資料になるが、具体的な支援策が決まるわけではなく、日常の行動観察による実態把握、専門機関との連携によるアセスメント等による児童生徒の支援ニーズの把握が大切になる。特別な支援が必要な児童生徒は、学習上、生活上に目立った困難がある障害のある児童生徒だけに限らず、本人の困難さやつらさが周りには気づかれにくく、理解と対応に誤解を受けやすい児童生徒もいる。

こうした児童生徒に対する小さな変化への気づきが、状態を悪化させない予防的な対応にもつながる。安心できる人間関係、情緒が安定できる場の確保、周りの共通理解と一貫した対応、学校と家庭、医療機関との連携による支援を、担任一人が抱えるのではなく、学校として組織的、計画的に取り組むことが重要である。

5 個別の指導計画、個別の教育支援計画の作成と活用

障害のある児童生徒と障害のない児童生徒が共に学ぶインクルーシブ教育システムの理念という視点から、合理的配慮の提供を考えていくことも重要である。学級の全ての児童生徒が、同じ学習内容について、同じ教材教具や同じ学習活動を通じて、同じ達成目標のもと学ぶことを目指すだけではなく、一人一人の教育的ニーズを把握し、特性に合う学び方を工夫す

ることにより、十分な教育を保障するために提供されるのが合理的配慮である。教育的ニーズは、障害特性によるものだけとは限らない。児童生徒の実態把握から、現在必要とされている合理的配慮は何か、何を優先して提供する必要があるかなどについて、十分に検討する必要がある。

　合理的配慮は発達の程度や適応の状態等によっても変わり得るものであり、柔軟に見直しを図る必要がある。個別の教育支援計画、個別の指導計画にきちんと明記し、実行した結果を評価して定期的に見直していくことが求められる。その際、児童生徒に十分な教育が受けられるように合理的配慮が提供できているかという観点から評価する。個別の指導計画を作成するには、児童生徒の課題に関するアセスメントが重要になる。通常の学級に在籍する児童生徒の場合は、対象となる児童生徒の実態だけでなく、学級集団の実態、教師と児童生徒の関係、児童生徒同士の関係等の情報も整理しておく。

　こうした情報の整理が、学級経営や生徒指導の見直し、授業改善等にもつながっていく。個別の指導計画は作成が容易で、内容に具体性があり、何度も書き直しができる利便性があることが望まれる。また、個別の教育支援計画は、学校間の移行に際して、支援が効果的に引き継がれることが目的となる。進学先や進路先からも積極的に必要な情報提供を求めていくような体制づくりが必要である。

6　個人が抱える課題と人間関係や学習環境の課題

　学校生活における適応困難な状況の背景には、個人が抱える課題と、教師や周りの児童生徒との人間関係や学習環境に関する課題の両面が影響している。個人が抱える課題には、例えば、言語理解や表現力の問題、対人関係の問題、注意力や集中力の問題、記憶力の問題、興味や関心の偏りや学習意欲の問題などがある。認知特性や行動特性による場合もあれば、家庭環境の問題、もともとの性格特性などが影響している場合もある。一方、学習環境に関する課題とは、個人の課題に対する配慮なき指導、友達関係でのいじめやからかい、落ち着きのない学級やわかりにくい授業など子ど

もが安心して学習に取り組むことができないような環境要因である。

適応困難な状況に陥りやすい児童生徒の中には、障害のある児童生徒ばかりでなく、目に見える行動特性や症状には気づかれても対応に誤解を受けやすく、本人が抱えている困難さやつらさの重みには気づかれにくい児童生徒もいる。例えば、学校などの社会的な状況で話ができない場面かん黙、チックが頻回で言葉遣いが荒いトゥレット障害、話し言葉が流暢でない吃音、朝起きられず学校を休みがちな起立性調節障害といった児童生徒等である。症状はいずれも目に見える行動特性としては気づかれるが、そのきっかけや要因は障害の特性にあるとは捉えられにくい。特別支援教育よりも生徒指導上の課題として捉え、気持ちのもち方ややる気の問題、意識すれば治せる癖などと、表面化している行動特性や症状の改善のみに注目し、本人に頑張りを強いるという対応に陥りがちになる場合も多い。

本人の気持ちや意識のもち方だけでは改善が難しい障害、疾患であり、周りとのかかわりなどの環境的な要因が家庭や学校での生活状態をより困難にし、二次的な不適応状態につながっていく。医療的な対応との連携とともに、学校生活においては心理・教育的な対応に十分な配慮が必要であり、一人一人の特性に応じた特別支援教育の視点が重要になる。

つまずきや失敗経験が積み重なり、困難なことや苦手なことの無理強いなどの不適切な対応がくり返されると、精神的ストレスや不安感が高まり、学習意欲の低下や対人的なトラブル、不登校やひきこもりなどのさらなる適応状態の悪化につながる可能性が極めて大きくなる。問題のある児童生徒という見方が、支援の必要な児童生徒という見方に変わるのは、本人の努力だけでは問題解決が難しい児童生徒の存在、個に応じた適切な指導・支援を必要とする児童生徒の存在に気づくことからはじまる。さまざまな場面においてつまずきや困難に遭遇したときに、その対処方法がわからない児童生徒がいるという視点に立ち、具体的な対応策を一緒に考える早期発見・早期対応が大切になる。

個別的な対応を考える際には、個人への対応だけでなく、周りの児童生徒への支援も含めて考えておかなければならない。学級において個別的な支援を必要とする児童生徒は一人、二人だけとは限らない。場面により状

況により個別的な支援を必要としている児童生徒はいる。特定の児童生徒への個別的な対応に時間も労力も費やされ、ちょっとした支援を必要とする児童生徒への対応が疎かになってしまうと、学級全体の荒れにもつながる可能性がある。児童生徒の言葉遣いや態度の荒さが気になる場合には、学校全体で取り組むべき課題として、集団づくり、仲間づくりなどの人間関係を学ぶ指導を積極的に取り入れていく必要もでてくる。また、個別的な支援がすぐに何らかの効果につながるとは限らない。計画的、系統的に少し長い目で見ることも重要になる。教師により対応の仕方が異なると、指導に一貫性がないばかりか、適切な言動についての児童生徒自身の判断もあいまいにしてしまうことになる。教師の共通理解のもと全校体制で取り組む必要がある。

7　問題行動・不登校等生徒指導上の諸課題に関する調査から

　文部科学省が毎年実施している「児童生徒の問題行動・不登校等生徒指導上の諸課題に関する調査」で気になるデータがある。不登校については、支援機関の活用件数は増え、小・中学校では微減傾向はあるものの、相変わらず一定水準にあり抜本的な解決策はない。きっかけとして、「無気力」や「不安などの情緒的混乱」が多く挙げられているのは気になるところである。

　いじめの問題も相変わらず話題となる。学校は、実態把握のためのアンケート調査や個別面談などにより掌握につとめているが、こうした取組による掌握は約半数にとどまり、いじめの発見や判断の難しさがある。その中で、暴力行為の低年齢化が気になるところである。中学校、高等学校では減少もしくは横ばい傾向であるにもかかわらず、小学校においては平成18年度以降、急増傾向にある。ここでいう暴力行為とは、対教師暴力、生徒間暴力、対人暴力、器物損壊である。その要因については慎重に分析する必要があるが、情動のコントロールが難しい子ども、暴力行為として誤ったストレス対処をしている子どもが増えているという見方もできる。

　年齢が幼いほどストレスの対処には他者の支援が必要となるが、支援を

第 3 章　生徒指導は今日的な課題にどう取り組むか

受けるためには他者への働きかけが必要になる。自分の状態をことばで相手にわかるようにメッセージとして伝える力が必要になる。適切なストレス対処ができていない子どもは、情動のコントロールの弱さとともに、対人関係能力やコミュニケーション能力の弱さも気になるところである。

　長い間ストレス状態が継続すると、精神的にも身体的にも疲弊した状態になり、耐性や抵抗力が落ち、二次的に病的な状態に追い込まれることもある。物事の考え方もさまざまなネガティブ思考に陥りやすくなる。耐性や抵抗力が弱い子どもほど心のケアが重要になる。障害のある子ども、特別な支援を要する子どもの場合は、生活上、学習上にさまざまな困難を抱えているため、自分の思うように取り組めない場面は多くなる。子どもによっては慢性的なストレス状態が続いていることも考えられる。

8　学習指導、生徒指導における特別支援教育の視点

　学習面につまずきや困難のある児童生徒に対する指導や支援は、どうしてもできていないこと、うまく取り組めていないことに注目しがちになる。苦手なことや困難なことはすぐには成果が上がらない。苦手なことや困難なことに対しても意欲を高めていくためには、できていることを認め、得意な面をうまく生かして指導や支援を行うという視点が必要である。

　学習内容を確実に身につけることができるよう、学校や児童生徒の状況に応じて、個別学習やグループ別学習、習熟の程度に応じた学習、児童生徒の興味・関心等に応じた学習、補充的な学習などの工夫により、学習に関する意欲と自信を回復させる対応も重要になる。教師間の協力的な指導などの指導方法や指導体制を工夫し、個に応じた指導の充実を推進するようにする。また、不登校児童生徒等の場合は、必ずしもすぐに教室で他の児童生徒と共に学ぶことを求めずに、自らの意思で登校してきたことを認め、保健室や相談室などを個別的な学習の場として活用することにも留意しておくことが大切である。特に、個別的な指導や支援を行う場合には、当該児童生徒自身のプライドや自尊感情に配慮することも忘れてはならない。指導や支援の手立てについて教員間で共通理解を図り、決して周りは

129

焦らずに、本人が落ち着いて、そして前向きに学習に参加できる方法を共有化していくことが望まれる。

　学習面に関する個人の課題と共に配慮したいのが周囲の友達との人間関係である。友達の何気ない一言により気持ちが取り乱され、心が傷つき、不適応状態を招いてしまうこともある。国立教育政策研究所生徒指導・進路指導研究センター「高校中退調査報告書」(2017)によると、高校中退の防止に影響を及ぼす可能性が高いものとして、「まじめに授業を受けている」「学校行事に熱心に参加している」の二つが挙げられている。そして、生徒が「主体的に取り組む姿勢」が重要であると指摘されている。それは、「授業が理解できること」と「集団に積極的に参加すること」を意味している。学級全体が落ち着かなくなると、一人一人の気持ちの荒れにもつながってしまいがちになる。児童生徒同士の言葉遣いや態度が気になる場合には、学級全体、学校全体で取り組むべき課題として、集団づくり、仲間づくりなどの人間関係を学ぶ活動を積極的に取り入れていく必要もでてくる。

　学級づくりでは、児童生徒が落ち着いて学習できる教室環境になっていること、教師や友達との関係が安心感を得られるものになっていること、授業がわかりやすく取り組みやすいものになっていることなど、学級全体への指導や支援を工夫していくことが大切である。一人一人が授業の内容を理解でき、問題が解けることにより達成感や成就感が得られること、学級に支え合い認め合う人間関係があり、学級の中で自分の役割が果たせていることが、一人一人の自信と意欲につながり、自尊感情や自己効力感を高め、不登校を生まない安心できる居場所づくりにつながっていく。

9　課題の多様化・複雑化と専門機関との連携

　学校づくりでは、一人一人の児童生徒理解の深化を基盤として、教師と児童生徒の信頼関係が構築され、誰もが自己実現を図ることのできる集団が具現化されていくことが望まれる。不登校の一因ともなるいじめ、暴力行為、体罰等を決して許さず、即時に対応策を講じることのできる体制づ

くりが必要である。全ての児童生徒に対する健全育成を図ることが生徒指導の基盤であり、不登校等の未然防止につながること、不登校等の課題が生じた場合は初期段階で即時に対応していくことを教職員が共通理解し、組織的・計画的に取り組むことが重要である。学校が抱える課題は、多様化・複雑化してきており、それらの課題を解決するためには、地域の専門家や専門機関とも連携し、学校がチームとして取り組む体制を整備することも必要になってきている。インクルーシブ教育システム構築のための教育の専門性を確保し、チームとしての学校の体制づくりを進めるためには、教職員一人一人がその理念や意義を理解し、基本的な知識と取組に対する意識を高めていく必要がある。そのためには、校長のリーダーシップのもと、教職員の協力体制により学校全体で支援を考えていく必要がある。その際、原則として当該児童生徒や保護者の意思を尊重しつつ、必要に応じて、スクールカウンセラーやスクールソーシャルワーカー等や外部の相談機関の専門スタッフに心理相談やアセスメント、諸検査の実施等の協力を求めたり、福祉や医療、民間施設や NPO 等の関係機関等とも連携し、情報を共有するなど、組織的に継続的な支援を考えていくことが重要である。

　家庭への支援も不可欠である。例えば、障害のある児童生徒の保護者は、日々の学校生活を児童生徒が安心して送ることができているか、不安な毎日を過ごしている。同じように、他の児童生徒とは異なる適応状態に課題を抱えている状況にある児童生徒の保護者は、その状況の改善に見通しがもてないほど不安感、焦燥感が増大する。家庭にも役割を課すという方策ではなく、学校と家庭が一体となり子育て支援を行うという視点が大切である。妊娠した時点から、子育てに関して専門の機関に相談することは、決して特別なことではないという生涯にわたる相談支援の地域における体制づくりも重要である。

　学校の役割は、全ての子どもたちの社会的自立を図ることであり、教科（授業）と特別活動（生活と行事）の 2 本柱を主として、基礎学力、生活の仕方、社会性を身につけさせていく。個の能力とともに集団で学ぶ力を高めていく必要がある。近年、集団の凝集性やグループ・ダイナミックスが弱くなってきている学校では、インクルーシブ教育システムの構築に向け

ての体制づくりを組織的、計画的に取り組むことは喫緊の課題であるが、医療、保健、福祉、教育、労働等の関係機関とのさらなる密な連携により、地域として子どもの成長を支える時代になってきている。

10　途切れのない支援のための情報の引き継ぎ

　最後に、生涯にわたる一貫した支援、途切れのない支援についてである。支援を途切れなく続けるために大切なことは、縦と横のつながり、長期的な視点、そして情報の引き継ぎである。縦のつながりとは、ライフステージを超えた学校間のつながりである。幼稚園等、小学校、中学校、高等学校と各ステージにおける学校の教育目標・内容には違いがある。教育のシステムが違えば、そのまま支援はつながらない。校種間のこうした違いをあまり意識していない支援の関係者は多い。改めて校種間の違いを認識しておく必要がある。横のつながりとは、学校と地域の関係機関とのつながりである。早期からの支援体制整備が進んできている地域も増えている。学校が主体となり、教育、保健、医療、福祉、労働等の必要な関係者による他職種のケース・カンファレンスの機会なども積極的に設けることが望まれる。

　長期的な視点で支援を考えることも重要である。学校教育は、入学で始まり、卒業で終わる。入学前の児童生徒の情報を知り、卒業後の児童生徒の情報を知ることにより、各ステージ間の支援がつながっていく。いま必要な支援だけでなく、3年後、5年後の姿を想定して支援を考える視点も大切である。そして、情報の引き継ぎは、児童生徒の実態の引き継ぎであるということである。合理的配慮は、個別の指導計画、個別の教育支援計画に記載されることで、文書による内容の引き継ぎがなされていく。しかし、引き継ぎは文書だけでなく、文書を基に関係者が顔を合わせ、話し合いができる情報交換の場を設けること、可能な限り、授業参観等の行動観察を通して実態把握する機会があることが、より的確な情報の引き継ぎにつながっていく。

　情報の引き継ぎでは、情報を送る側と受けとる側の双方の立場の違いは

はっきりしている。送る側は多くの情報をもっており、できるだけたくさんの情報の提供を考える。一方で受けとる側は必要な情報をどう収集するかがポイントとなる。情報として必要なものについて送りたい情報と知りたい情報の内容整理、共有化が必要になる。過去の経験から情報が進級、進学後の支援にどのように役立ったか、進級、進学先からフィードバックにより情報の整理を行うことも効果的である。

　途切れのない支援とは、進学後も同じ支援を継続するということではない。児童生徒が力をつけたり、環境の変化により必要がなくなったりする支援もあるはずである。成長に伴い新たに生じる課題やこれから必要となる支援もある。重要なのは、生涯にわたる一貫した支援体制により、学びの場が変わっても、児童生徒や家族が安心して、その児童生徒なりの学びを継続できることである。

[参考文献]
- 文部科学省「特別支援教育の推進について（通知）」2007年。
- 中央教育審議会初等中等教育分科会「共生社会の形成に向けたインクルーシブ教育システム構築のための特別支援教育の推進（報告）」2012年。
- 独立行政法人国立特別支援教育総合研究所「インクルーシブ教育システム構築のための体制づくりに関する研究―学校における体制づくりのガイドライン（試案）の作成―研究成果報告書」2016年。
- 日本生徒指導学会編『現代生徒指導論』学事出版、2015年。
- 不登校に関する調査研究協力者会議「不登校児童生徒への支援に関する最終報告」2016年。
- 笹森洋樹「生徒指導と特別支援教育」『LD研究』第20巻第2号、2011年。
- 笹森洋樹「発達障害のある児童生徒の課題と不登校」『生徒指導学研究』第15号、2016年。
- 国立教育政策研究所生徒指導・進路指導研究センター「高校中退調査 報告書」2017年。
- 中央教育審議会「チームとしての学校の在り方と今後の改善方策について（答申）」2015年。

新しい時代における
持続可能な生徒指導体制の構築

国立教育政策研究所初等中等研究部副部長・統括研究官　藤原文雄

1　新しい時代における持続可能な生徒指導体制の構築

　平成22年にとりまとめられた「生徒指導提要」は、生徒指導の意義を「児童生徒自ら現在及び将来における自己実現を図っていくための自己指導能力の育成を目指す」ものと説明している。

　自己指導能力とは、選択や決定の際によく考えることや、その結果が不本意なものになっても誠実に受け止めること、自らの選択や決定に従って努力する力のことであるが、それが他者や社会の存在を無視したものであってはならないことは言うまでもない。人間は個人という側面とともに社会の一員という性格を併せもつからである。

　そこで、「生徒指導提要」は、「選択や決定の結果が周りの人や物に及ぼす影響や、周りの人や物からの反応などを考慮」する必要があること、つまり、自己実現と言っても社会に受け入れられる自己実現が望ましいことを強調している。森田（2010）が指摘するように、「個人の幸福を追求すると同時に社会の発展をも追及する」自己実現が望ましいと言えよう。

　こうしてみれば、生指指導が育成を目指す自己指導能力とは、他者や社会の存在も尊重した上で、自ら考えて、選択して、実行する力と言えよう。

　こうした自立した人間が生きていく上で不可欠とも言える自己指導能力を育んできたのは、あらゆる場や機会において展開される、子ども理解に基づいた信頼関係を基盤とする生徒指導である。「生徒指導提要」では、「授業や休み時間、放課後、部活動や地域における体験活動の場においても、生徒指導を行うことが必要」と述べるとともに、「生徒指導を進めていく上で、その基盤となるのは児童生徒一人一人についての児童生徒理解の深

化」であり、「児童生徒理解の深化とともに、教員と児童生徒との信頼関係を築くことも生徒指導を進める基盤である」と指摘している。

しかし、こうした日本において自明視されている生徒指導の在り方は万国共通のものではない。例えば、酒井・島原（1996）は、小学校教師の指導観に関する日米比較を行った結果として、日米で教師の指導観が異なり、日本は教師生徒間の信頼関係に基づく人間関係的アプローチを採っていることが特徴であると報告している。

また、諸外国の生徒指導体制を比較した藤原（2018a）は、フランスのように休み時間の子どもの監督や指導は学校・教師の仕事ではなく、自治体が雇用した職員がその任務を担当するなど、あらゆる場や機会において教師が子どもと触れ合っているわけではない国もあること、また、日本と同様に教科指導と生徒指導を職務とする韓国の場合でも、問題行動を起こしたり、気にかけたりする必要のある生徒に対して教師が積極的に関わっていくということも教師の役割と認識されていることは事実であるが、一般には、授業が終わった後に生徒と教師が直接関わることは限定的であること、などを報告している。

広い世界の何処（どこ）かの国において日本と同じような生徒指導を行っている国がないとまでは言い切れないが、あらゆる場や機会における「理解・信頼ベースの生徒指導」は日本の生徒指導の特徴と言えよう。

確かに、こうした日本の生徒指導によって救われてきた子どもも多いはずだ。保護者と信頼関係を築くことが難しい環境にある子どもや特別な理解と支援が必要な子どもが増加する今日、生徒指導機能の強化は、むしろ求められているとも言える。

他方、これまでの日本の生徒指導の在り方を礼賛してばかりではいられない。なぜなら、これまでの生徒指導が教師の長時間勤務によって支えられてきたことは事実であり、教師の確保や心身の健康維持という観点から、その持続可能性が問われているからである。

平成29年4月に公表された文部科学省「教員勤務実態調査（平成28年度）」によれば、教諭の1日当たりの学内勤務時間（平日）は11時間15分（小学校）、11時間32分（中学校）と長時間に及んでおり、しかも、10年

前と比較して43分（小学校）、32分（中学校）も増加している。また、同調査によれば、過労死ライン（それを超えると労災が認定されやすい基準）とされる月当たり時間外勤務80時間を超える教師の割合が約3割（小学校）、約6割（中学校）にも達している。

調査公表時に松野博一文部科学大臣（当時）が記者会見時にコメントしたとおり、日本の教師の勤務実態は「看過できない深刻な事態」にあることは、誰の目にも明らかであると言えよう。

こうした長時間勤務を是正する一つの方法は、他の国や過去の勤務実態と比較して相対的に肥大化している業務の圧縮を図るというものである。2013年に行われた、第2回OECD国際教員指導環境調査（TALIS）では、諸外国の教師の業務内容別の学内勤務時間（平日、1日当たり）を調査している。それによれば、日本の教師と他の国の教師とを比較した場合、「一般的事務業務（参加国平均5.5時間、日本2.9時間）」とともに、「課外活動の時間（参加国平均7.7時間、日本2.1時間）」に従事する時間が長い。

また、神林（2015）は、1950年〜1960年代と比較し、2000年以降において課外活動の時間が増加しているということを指摘した上で、「戦後日本の学校教育は、まさに『ケア』という視点で、社会や児童生徒のニーズに応えようとするあまり、生徒指導や部活動指導といった課外活動の比重を増大させ、ひいては教員の多忙（感・化）を引き起こしたとも考えられる。そのため、児童生徒の要求に応じた『ケア』に基づいた教育を構築する場合であっても、学校や教員の負担という視点を加味する必要」があると提言している。

これらの調査からは、教師の長時間勤務を是正する上で、「一般的事務業務」の時間を圧縮し、教師が子どもと向き合う時間を確保することとともに、これまでの生徒指導の見直しを検討することが長時間勤務を是正する一つの方法であると言えよう。

長らく、教育政策において、事務負担の軽減によって教師の子どもと向き合う時間を確保することの必要性は認識されてきたが、勤務負担の軽減という観点で生徒指導を見直すことの必要性については十分に認識されてこなかった、あるいは、タブー視されてきたと言える。教師の心身の健康

第 3 章　生徒指導は今日的な課題にどう取り組むか

と豊かさが子どもの幸福につながるという発想で生徒指導を見直すことが必要とされている。新しい時代において、持続可能な生徒指導体制の構築という観点は不可欠なものなのである。

2　「チームとしての学校」と教職員の分業体制

　新しい時代における持続可能な生徒指導体制の構築という観点で注目すべき中央教育審議会の答申として、平成 27 年 12 月にとりまとめられた中央教育審議会「チームとしての学校の在り方と今後の改善方策について（答申）」がある。

　同答申は、新しい時代に求められる資質・能力を育む教育課程を実現し、貧困やいじめ、不登校といった複雑化・多様化した課題を解決できるよう「学校組織全体の総合力」を高めるとともに、教師の長時間勤務を是正するための処方箋を検討したものであり、そのための処方箋として「チームとしての学校」を提言したものである。

　同答申は「チームとしての学校」を、「校長のリーダーシップの下、カリキュラム、日々の教育活動、学校の資源が一体的にマネジメントされ、教職員や学校内の多様な人材が、それぞれの専門性を生かして能力を発揮し、子供たちに必要な資質・能力を確実に身に付けさせることができる学校」と定義している。つまり、「チームとしての学校」とは、教師の長時間勤務が是正された多職種で組織される機能性の高い学校のことと言える。

　同答申においては、マネジメント機能の強化や業務改善、地域との連携・協働等も処方箋として提言されているが、「チームとしての学校」という名称が体現しているとおり、同答申の提案の中核はスクールカウンセラーやスクールソーシャルワーカーの配置促進など教職員の分業化の推進であったと言える。

　同答申も、文部科学省「教員勤務実態調査（平成 28 年度）」や「第 2 回OECD 国際教員指導環境調査（TALIS）」について言及するとともに、昭和 41 年度に行われた教員勤務実態調査と平成 18 年度に行われた調査を比較し、教諭の残業時間が 1 月当たり約 8 時間から約 42 時間に増加してい

137

ること、その増加した業務の一つとして生徒指導に係る業務があることを指摘している。ここでも、過去と比較した際に生徒指導に係る業務が肥大化したことが認識されている。

同答申は、「学校が抱える課題は、生徒指導上の課題や特別支援教育の充実など、より複雑化・困難化し、心理や福祉など教育以外の高い専門性が求められるような事案も増えてきており、教員だけで対応することが、質的な面でも量的な面でも難しくなってきている」と指摘し、「学校が、より困難度を増している生徒指導上の課題に対応していくためには、教職員が心理や福祉等の専門家や関係機関、地域と連携し、チームとして課題解決に取り組むことが必要である」と提言した。

藤原（2018a）が指摘するとおり、同答申において、生徒指導に関しては、教師の勤務負担の軽減という観点に立った見直しについて十分に踏み込んではいない。むしろ、生徒指導に関してはいじめや貧困といった複雑化・多様化した課題の解決能力の向上といった観点に立って提言がなされているように読める。それは、これらの問題の深刻さの反映であろう。

生徒指導体制がどのような教職員によって構成され、お互いがどのような関係性にあるのかは国によって違う。丸山（2017）は、新しい職の配置に当たっては、それぞれの職がどのような業務を管轄するのかという業務管轄権をめぐる競合や、コンフリクトが発生する可能性があることを指摘しており、生徒指導の分業体制を検討する上では、教職員の種類とともに教職員間の関係性という視点に基づき検討することが不可欠である。

藤原（2018）は、諸外国には、生徒指導の分業体制の類型として、⑴教師が中心となり他の専門職が支援する「教員サポート型分業体制」、⑵アメリカ（スクールカウンセラー）やフランス（生徒指導専門員）のように教師は授業に専念し、他の専門職が生徒指導を担当する「水平型分業体制」、⑶韓国のように専門相談教諭、進路進学相談教諭など教師の種類を増やす「教員分化型分業体制」などがあること、また、校種によって分業体制が違う国もあること、日本よりも分業が進んでいるフランス等においては教師と生徒指導専門員との間の協働に課題があると認識され、教職員間の協働性構築に向けた取組が進められていることなどを紹介している。

第 3 章　生徒指導は今日的な課題にどう取り組むか

「チームとしての学校の在り方と今後の改善方策について（答申）」は、「専門スタッフの参画は、学校において単なる業務の切り分けや代替を進めるものではなく、教員が専門スタッフの力を借りて、子供たちへの指導を充実するために行うものである」、「教員を中心として、スクールカウンセラー、スクールソーシャルワーカーがそれぞれの専門性に基づき、組織的に問題の解決に取り組む」といった表現をしており、(1)「教員サポート型分業体制」をモデルにしていると言えよう。

同答申を踏まえ、教育相談体制の今後の方向性やスクールカウンセラーおよびスクールソーシャルワーカーの役割の明確化、教育相談体制の充実のための連携の在り方等について検討したのが、文部科学省に設置された「教育相談等に関する調査研究協力者会議」である。同会議は平成 29 年 1 月に「児童生徒の教育相談の充実について～学校の教育力を高める組織的な教育相談体制づくり～（報告）」をとりまとめた。

同報告は、スクールカウンセラーについては、「最終的には、全ての必要な学校、教育委員会及び教育支援センターに常勤の SC を配置できることを目指すことが適切」、スクールソーシャルワーカーについては、「最終的に全ての中学校区及び教育委員会に常勤の SSW を配置し、校区内の全ての必要な学校等の担当とすることを目指すことが望ましい」といった将来的な配置イメージをもとに、「事案が発生してからのみではなく、未然防止、早期発見、早期支援・対応、さらには、事案が発生した時点から事案の改善・回復、再発防止まで一貫した支援に重点をおいた体制づくりが重要である」と提言した。

この一貫した支援に重点をおいた体制づくりの要（かなめ）として提案されたのが、スクリーニング会議やケース会議といった会議の開催、各スクールカウンセラーやスクールソーシャルワーカーを支援するスーパーバイザーの設置のほか、教育相談コーディネーターの設置である。同報告は、「学校全体の児童生徒の状況を把握し、関係教職員や関係機関等と連絡調整を図るなど、児童生徒の抱える課題解決に向けて調整する」という役割を担う教育相談コーディネーターを務める教師の配置を提唱している。

この報告を踏まえ、平成 29 年 2 月 3 日には、①未然防止、早期発見およ

び支援・対応等への体制構築、②学校内の関係者がチームとして取り組み、関係機関と連携した体制づくり、③教育相談コーディネーターの配置・指名、④教育相談体制の点検・評価、⑤教育委員会における支援体制の在り方、活動方針等に関する指針の策定、等を内容とする初等中等教育局長通知「児童生徒の教育相談の充実について（通知）」が発出された。

　また、以上のような経緯を経て、平成29年3月に学校教育施行規則が改正され、スクールカウンセラーは「児童の心理に関する支援に従事する」、スクールソーシャルワーカーは「児童の福祉に関する支援に従事する」という規定が新たに設けられた。

　既に述べたとおり、「チームとしての学校の在り方と今後の改善方策について（答申）」においては、生徒指導に関して、生徒指導機能の強化に重きを置き、教師の勤務負担軽減という観点での検討が弱かったことは否めない。しかし、教職員の分業体制の推進は、新しい時代における持続可能な生徒指導体制の構築における有効な処方箋の一つである。今後は、教師の勤務負担軽減といった観点も加味してスクールカウンセラーやスクールソーシャルワーカー、登校支援員、学習・生活支援員など教師以外の専門性を有したスタッフの活用を図る必要がある。

3　学校における働き方改革と生徒指導

　新しい時代における持続可能な生徒指導体制の構築という観点で注目すべきもう一つの中央教育審議会の審議動向として、平成29年7月に設置された中央教育審議会「学校における働き方改革特別部会」が挙げられる。同部会は、平成29年6月22日に、松野博一文部科学大臣（当時）が中央教育審議会に対し「新しい時代の教育に向けた持続可能な学校指導・運営体制の構築のための学校における働き方改革に関する総合的な方策について」諮問したことを受けて設置されたものである。この諮問内容からわかるとおり、同部会の役割は、持続可能性という観点から学校指導・運営体制の見直しを進めることである。

　同部会は、平成29年12月22日に「中間まとめ」をとりまとめた。同

「中間まとめ」は、「世界的にも評価が高い、我が国の教師が児童生徒に対して総合的な指導を担う『日本型学校教育』の良さを維持し、新学習指導要領を着実に実施することで、質の高い学校教育を持続発展させるためには、政府の動向も踏まえつつ、教師の業務負担の軽減を図ることが喫緊の課題である」と述べ、「業務の質的転換を図り、授業やその準備に集中できる時間、教師自らの専門性を高めるための研修のための時間を確保できる勤務環境を整備する」ことの必要性を指摘した。

そのため、「具体的には、膨大になってしまった学校及び教師の業務の範囲を明確にし、限られた時間の中で、教師の専門性を生かしつつ、児童生徒に接する時間を十分確保し、教師の日々の生活の質や教職人生を豊かにすることで、教師の人間性を高め、児童生徒に真に必要な総合的な指導を持続的に行うことのできる状況を作り出す」という方向性を打ち出したのである。

新しい時代における持続可能な学校指導・運営体制の構築のため、「チームとしての学校の在り方と今後の改善方策について（答申）」が教職員の分業体制の推進を提言したのに対し、同「中間まとめ」が主として提案したのは学校・教師の業務の範囲の見直しであった。

同「中間まとめ」は、諸外国の学校および教師が担う業務や地域での取組などを参照しつつ、学校および教師が担う業務の明確化・適正化について具体的な業務に踏み込んで検討し、これまで学校・教師が担ってきた代表的な業務の在り方について、(1)基本的には学校以外が担うべき業務、(2)学校の業務だが、必ずしも教師が担う必要のない業務、(3)教師の業務だが、負担軽減が可能な業務に変更可能か否か検討し、次のように整理した。

（1）基本的には学校以外が担うべき業務

登下校に関する対応、放課後から夜間などにおける見回り、児童生徒が補導されたときの対応、学校徴収金の徴収・管理、地域ボランティアとの連絡調整等。

これらの業務を誰が担当すべきかについては、例えば、「放課後から夜間などにおける見回り」は「地域や学校の実情に応じて、教育委員会が実施する必要性を含め精査した上で、警察や地域ボランティアの協力を得て実

施すべきである」、「児童生徒が補導された時の対応」は「第一義的には保護者が担うべきものである」と指摘している。

（2）学校の業務だが、必ずしも教師が担う必要のない業務

　調査・統計等への回答等、児童生徒の休み時間における対応、校内清掃、部活動。

　これらの業務を誰が担当すべきかについては、例えば、「児童生徒の休み時間における対応」は、「地域ボランティア等の協力も得ながら、全ての教師が毎日、児童生徒の休み時間の対応をするのではなく、輪番等によってその負担を軽減する等の取り組みを促進すべきである」、「校内清掃」は、「清掃指導については……（中略）地域ボランティア等の協力を得たり、民間委託等を検討したりするなど、全ての教師が毎日、児童生徒の清掃指導をするのではなく、輪番等によってその負担を軽減する等の取り組みを促進すべきである」、「日常的な環境衛生の維持又は改善のための活動は……（中略）地域ボランティアの協力を得ることや民間委託等も検討し、できる限り教師に行わせないように努めるべきである」と指摘している。

（3）教師の業務だが、負担軽減が可能な業務

　給食時の対応、授業準備、学習評価や成績処理、学校行事の準備・運営、進路指導、支援が必要な児童生徒・家庭への対応。

　これらの業務を誰のサポートを得て行うかについては、例えば、「給食時の対応」は、「ランチルームなどで複数学年が一斉に給食をとったり、地域ボランティア等の協力を得たりすることにより、教師一人一人の負担を軽減するために運営上の工夫を行うべきである」、「児童生徒・家庭への対応」は、「スクールカウンセラーやスクールソーシャルワーカー、特別支援教育の支援ができる専門的な人材、日本語指導ができる支援員や母語が分かる支援員の方がより効果的な対応ができる業務については、教師と連携しながら、これらの人材が中心となって担うべきである」、「家庭との対応の関係で保護者等からの過剰な苦情や不当な要求等への対応が求められる場合や、児童生徒を取り巻く問題に関して法的側面からのアドバイスが必要な場合もある。このような場合については、教師が一人で抱え込むのではなく、学校が組織として対応できるよう、教育委員会において支援体制を構

第3章 生徒指導は今日的な課題にどう取り組むか

築するほか、法的相談を受けるスクールロイヤー等の専門家の配置を進めるべきである」と指摘している。

　以上のとおり、同「中間まとめ」が整理した業務の中には、これまで生徒指導に関する業務として教師が担ってきた業務が多く含まれている。同「中間まとめ」は、これまでの生徒指導の在り方を見直し、新しい時代における持続可能な生徒指導体制の構築に向け、学校・教師の業務をスリム化することを提唱したのである。

　こうした提唱は全く新しいものではない。例えば、2008（平成20）年9月にとりまとめられた「学校の組織運営の在り方を踏まえた教職調整額の見直し等に関する検討会議審議のまとめ」においても、「学校と家庭・地域との役割分担を明確にし、学校が本来行うべき体系的な教育活動に専念できるようにする必要がある。そのため、国や各教育委員会は、今後の学校はどのような役割を果たすべきなのか、家庭や地域とはどのような役割分担や連携を図っていくべきなのかなどの検討を進め、学校が行うべき業務について、小学校や中学校などの学校種の違いも踏まえ、できる限り具体的に示していくことが必要である」と指摘している。しかし、同「中間まとめ」のように、ここまで具体的に検討し、提言したのははじめてのことである。しかも、これまでの生徒指導に慣れてきた教師からすれば、衝撃的とも受け止められる内容も多く含まれている。

　なお、「学校における働き方改革特別部会」は、同「中間まとめ」を踏まえながら、学校の組織運営の見直しや時間外勤務の抑制に向けた制度的措置の在り方などについて審議を深め、平成30年末に最終答申をとりまとめた。

4　新しい時代における持続可能な生徒指導体制の構築に向けた処方箋

　これまで述べた教職員の分業体制の推進や学校・教師の業務の見直しは、教師が児童生徒に対して総合的な指導を担う「日本型学校教育」の良さを維持しつつ、勤務負担の軽減という観点からその部分的修正を行うという

143

アプローチであり、「日本型学校教育」の廃止を進めるものではない。

　しかし、「学校における働き方改革特別部会」の小川正人部会長は、こうした教職員の分業体制の推進や学校・教師の業務の見直しが、「これまで思ってもなかなか取り組めずにいたが、『中間まとめ』が背中を押してくれたことで業務分担・適正化の取組をポジティブに進められると肯定的に評価する意見もある」一方で、「日本型教育を崩壊させるのではないか、機械的で行き過ぎた『分化』（分業）は、逆に、教職員間や教師と他専門・支援スタッフとの連携・協働、そして、学校内外のネットワークづくりに新たな問題を生じさせるのではないか等の指摘や危惧も出ている」ことを紹介している。また、「こうした錯綜した議論を交通整理し危惧を払拭できるかは、やはり、今後の教職員定数の改善や他専門・支援スタッフの配置をどこまで充実できるか、また、『チーム学校』の構築等により学校の組織運営体制をどこまで改善できるか、そして、地域・保護者の理解・支持を得ながらどこまで地域・保護者を巻き込んだ学校づくりができるかにかかっている」（小川、2018）と述べている。

　ここでの指摘のとおり、新しい時代における持続可能な生徒指導体制の構築は、教職員の分業体制の推進や学校・教師の業務の見直しのみによって実現するものではない。教職員定数の拡充等による生徒指導体制の充実、教育委員会や外部機関の支援の強化、地域・保護者との連携・協働といった他の処方箋と相まって実現するものである。

　それらの処方箋の中でも、教師の勤務負担を踏まえた持続可能な生徒指導体制の構築を図る上で教職員定数の充実は不可欠である。これが伴わないまま教職員の勤務時間管理の徹底などを急速に進めれば、教育の質の低下とともに教師の勤務負担感や子どもを支援できないことによる罪悪感の増大、自分のやりたい仕事が追求できないことによるモチベーションの低下など負の効果を生み出す可能性が高い。

　この点に関わって、中央教育審議会「学校における働き方改革特別部会」がとりまとめた「中間まとめ」も、「勤務時間管理は、働き方改革の『手段』であって『目的』ではない。勤務時間の把握を形式的に行うことが目的化し、真に必要な教育活動をおろそかにしたり、虚偽の記録を残す、又は残

させたりすることがあってはならない。このため、国、教育委員会等は、勤務時間の把握の徹底と併せて、その分析を行い、業務の削減や勤務環境の整備を進めなければならないと自覚し、必要な取組を実施すべきである」と述べているが、まさに重要な指摘である。

教職員定数の充実に関わって、学校現場の必要感が高いのは生徒指導について校内外の調整を行う専任教員の配置である。例えば、横浜市では、児童支援専任教諭（小学校）・生徒指導専任教諭（中学校）の配置によって、担任が課題を抱え込みがちだった状況が、専任教諭が中心となり学校全体の問題としてオープンにすることで、組織で解決する方向へと教職員の意識も変わってきたという。特に学級担任でない教師が少ない小学校においては生徒指導関連の調整業務も副校長・教頭に集中しがちであり、専任教員の配置によって、副校長・教頭が全体調整という本来の業務に時間とエネルギーを注ぐことによって教育の質が向上し、そのことによって職の魅力が増大し管理職希望者が増加するという効果も期待される。

5　おわりに─漸進的改善を重ねる─

藤原（2018b）が指摘するとおり、新しい時代における持続可能な学校指導・運営体制の構築に向けた取組は過去十数年間継続的に取り組まれている課題である。教職員定数増加のためのリソース（資源）を投入すればすぐにでも解決可能であると指摘することは容易である。

しかし、教職員定数が大幅に増加しない限り改善を行わないという姿勢が正しいとも思われない。教員定数の充実を展望しつつも、できるところから、日本型学校教育の良さを維持しつつ、新しい時代における持続可能な生徒指導体制の構築に向け、漸進的改善を重ねることが子どもの幸福につながる道ではないだろうか。

制度改正や予算措置によってなし得ることもあるが、学校レベルでもできることは多い。例えば、久我（2018）は、客観的な証拠（エビデンス）に基づく「効果のある学校づくり」を展開することによって、子どもの健やかな成長と業務改善を同時に具現化できる可能性を提言している。

145

日本の「理解・信頼ベースの生徒指導」は、ルールによる統制に偏らず子どもの行動や心の深い理解と信頼関係の構築により指導を行うという点でそもそも難しさをもっている。しかも、酒井（1997）が指摘するように、1970年代以降における「共感的理解やカウンセリング・マインドによる理解という言説が優勢」になる中、子ども理解の難しさは増大しており、教師個人で「理解・信頼ベースの生徒指導」を展開することは難しい状況にある。こうした日本の生徒指導の特徴と現状を踏まえれば、組織的に「効果のある学校づくり」を展開することは、新しい時代における持続可能な生徒指導体制の構築を図る上で王道とも言えるものである。

　生徒指導の分野でも教師の勤務負担の軽減について論じることをタブー視せず、一人一人の教師の価値観の見直しを支援しつつ、持続可能な生徒指導体制の構築に向けてリーダーシップを発揮する人が新しい時代のスクールリーダーと言えよう。

［参考文献］
- 小川正人「学校における働き方改革の審議状況と今後の検討課題」『教育展望』64(5)、2018年、pp. 4-10。
- 神林寿幸「教員の業務負担に着目した生徒指導・特別活動―過去の実態調査の経年分析―」『東北大学大学院教育学研究科研究年報』64（1）、2015年、pp.229-246。
- 久我直人「生徒指導の充実と『働き方改革』」藤原文雄編著『日本の学校と教職員の働き方―日本の「働き方改革」の先進事例から学ぶ―』(2019)
- 酒井朗・島原宣男「小学校教師の指導観に関する日米比較：動機づけに関する考え方の違いに注目して」『アカデミア（人文・社会科学編）』64、1996年、pp.171-195。
- 酒井朗「『"児童生徒理解"は心の理解でなければならない』―戦後日本における指導観の変容とカウンセリング・マインド」今津孝次郎・樋田大二郎編『教育言説をどう読むか』新曜社、1997年。
- 藤原文雄編著『世界の学校と教職員の働き方―米・英・仏・独・中・韓との比較から考える日本の教職員の働き方改革―』学事出版、2018年a。
- 藤原文雄著『スクールリーダーのための教育政策入門―知っておきたい教育政策の潮流と基礎知識―』学事出版、2018年b。
- 丸山和昭「多職種協働の社会学から見たチーム学校政策」『学校事務』68（5）、2017年、pp.48-51。
- 森田洋司「生徒指導と社会的なリテラシーの育成」『文部科学時報』(1616)、2010年、pp.14-17。

第3章　生徒指導は今日的な課題にどう取り組むか

Ⅳ 「同僚性」と「協働性」に基づく 生徒指導の活性化と教職員の メンタルヘルス

関西外国語大学教授　新井　肇

1　増幅する生徒指導の困難性と「チーム学校」

　今、学校では、不登校・いじめ・暴力行為などに加え、自殺や自傷行為、薬物濫用・児童虐待・ネットトラブルなど多様な生徒指導上の課題が山積している。しかも、非行傾向のある児童生徒といわゆる普通の児童生徒との境界が見えにくくなり、表面上はおとなしく素直に見え、目立つ問題行動もなかった子どもが突然キレて反抗的になったり、時には暴力行為にまで及んだりすることもある。児童生徒の抱える不安や不満が見えにくく、攻撃性の出どころや矛先が予測できないことに戸惑いを感じている教員も少なくない。また、不登校もその原因を心理的要因など単一のものに帰することが難しく、背景に家庭の貧困や児童虐待、発達障害などの問題が複雑に絡み合い、児童生徒の抱える課題の重層化が進んでいる。さらに、学校や教員がこれまで大事にしてきた常識や規範と児童生徒（場合によっては保護者）の価値意識との間に大きなギャップが生じている。言葉遣いや服装・頭髪などのマナーに関する事柄の善し悪しに対する感覚的なズレが、日常の生徒指導を一層困難なものにしていると考えられる。

　文部科学省の「教職員のメンタルヘルス対策検討会議」がまとめた「教職員のメンタルヘルス対策について（最終まとめ）」（平成25年）によると、従来から指摘されてきた多忙による疲労の蓄積に加え、多様化・深刻化する児童生徒の問題行動に関する生徒指導や保護者からの苦情等への対応で日常的なストレスにさらされた結果、「うつ状態」などに陥って病気休職となるケースが増加していると指摘されている。

　多様な価値観の混在、規範意識の緩み、多くの児童生徒が苛立ちや不安

147

をため込み、しかも自分が何でイライラするのか、なぜ不安なのかがつかめずにいるという状況の中で、わかりにくさを伴う生徒指導課題に取り組むには、これまで以上に丁寧な児童生徒理解ときめ細やかな対応とが求められている。そのためには、個々の教員の生徒指導の力量向上を図ることはもとより、学校としての組織的生徒指導力を向上させ、共通理解に基づく見通しをもった生徒指導を行うことが不可欠であると考えられる。

そのような状況の中で、中央教育審議会答申「チームとしての学校の在り方と今後の改善方策について」（平成 27 年）において、「チーム学校」の必要性が提言された。同答申によると、チーム学校とは、「校長のリーダーシップの下、カリキュラム、日々の教育活動、学校の資源が一体的にマネジメントされ、教職員や学校内の多様な人材が、それぞれの専門性を生かして能力を発揮し、子供たちに必要な資質・能力を確実に身に付けさせることができる学校」を指す。その実現に向けての不可欠な要件として第一に挙げられているのが、「専門性に基づくチーム体制の構築」である。具体的には、「教員が教育に関する専門性を共通の基盤として持ちつつ、それぞれ独自の得意分野を生かし」チームとして機能すると同時に、「心理や福祉等の専門スタッフを学校の教育活動の中に位置付け」、教員と専門スタッフとの連携・協働の体制を整備することが求められている。児童生徒が抱える課題の多様化・深刻化に伴い、課題解決を個人の力量の向上にゆだねるだけでなく、個々の対応による限界を補強するためのシステムを構築することが目指されていると捉えることができる。

また、同答申において、日本の学校は諸外国に比べ教員以外のスタッフの配置が少なく、「子供に対して総合的に指導を行うという利点がある反面、役割や業務を際限なく担うことにもつながりかねないという側面がある」という指摘がなされている。教員の仕事の明確化と多忙化の解消、さらにはメンタルヘルスの向上という観点からも、「チーム学校」が求められていると言えるであろう。

このような発想は、生徒指導において「協働的生徒指導体制」として、従来からその重要性が指摘されてきたものに他ならない。「協働性」（Collaboration）とは、池本（2004）によれば、「異なる専門分野が共通の

第3章　生徒指導は今日的な課題にどう取り組むか

目的のために対話し、新たなものを生成するような形で協力して働くこと」と定義される。この定義から導き出される協働的生徒指導体制の構成要件は、①生徒指導目標の明確化と共有化、②双方向のコミュニケーションに基づく柔軟な組織運営、③新たなものにチャレンジする変革志向、④個性と多様性を基盤にしたチームによる生徒指導の活性化、⑤ウチとソトに開かれた学校文化の形成、としてまとめることができるであろう。

　これは、「チームとしての学校」における「チーム」の理念と一致するものである。そこで、同答申に焦点を当てながら、チームによる生徒指導の活性化と教職員のメンタルヘルス向上のための方向性と課題について検討することが本節の目的である。

2　チームによる生徒指導の活性化のための視点と課題

　同答申においては、「チーム学校」を実現していくために、次の三つの視点が提示されている。

　1点目は、先述した「専門性に基づくチーム体制の構築」である。そのためには、「教員が学校や子供たちの実態を踏まえ、学習指導や生徒指導等に取り組むことができるよう、指導体制の充実」を図ることと、「心理や福祉等の専門スタッフについて、学校の職員として職務内容を明確化し、質の確保と配置の充実を進める」ことが不可欠であると指摘されている。

　2点目は、「学校のマネジメント機能の強化」である。そのために、「優秀な管理職を確保する取組を進めるとともに、主幹教諭の配置の促進や事務機能の強化など校長のマネジメント体制を支える仕組みの充実を図ること」の重要性が指摘されている。

　3点目は、「教職員一人一人が力を発揮できる環境の整備」である。「教職員がそれぞれの力を発揮し、伸ばしていく」ために、「人材育成の充実や業務改善の取組を進めることが重要である」と指摘されている。

　学校に対するニーズの多様化の中で、教員の大量退職・大量採用が進んでいる現状を考えると、上記三つの視点の重要性は言うまでもない。しかし、それぞれに付随する課題を克服することなしには、「チーム学校」は学

149

校現場において真に機能しないのではないだろうか。上記の三つの視点に対して、（1）スクールカウンセラー（以下、SC）やスクールソーシャルワーカー（以下、SSW）などの専門スタッフの内部化によって、教育以外の専門家がもつ外部性が損なわれることはないのか、（2）管理職の権限強化と組織の階層化の進行によって、個々の教員の自律性が失われることはないのか、（3）専門スタッフとの連携において示されるべき教員の専門性とはどのようなものか、という問いが検討されるべき課題として浮かび上がってくる。それらは、学校の内外において「協働性」を構築する上での鍵となるものでもある。

（1）「教育以外の専門家がもつ外部性の確保」という課題

　文部科学省の「教育相談等に関する調査研究協力者会議」の「児童生徒の教育相談の充実について〜学校の教育力を高める組織的な教育相談体制づくり〜（報告）」（平成 29 年）を見ると、常勤の SC の配置を目指すとした上で、「SC は、児童生徒及び保護者が教職員等には知られたくない悩みや不安を安心して相談できる存在、児童生徒及び保護者と教職員との間で第三者として仲介者の役割を果たす存在であることから、校長等の管理職は、SC がその専門性を十分に発揮できるように、勤務の体制や環境等を工夫」するように努めることが提言されている。つまり、SC が仮に学校組織の一員として位置づけられたとしても、教員とは異なる専門職としての外部性を保つことが重要であると言うのである。

　この点について、常勤職の SC として勤務する柴田（2017）は、「本来なら教員と『協働』すべきところが、どうしても『同調』してしまいがちになり、知らず知らずのうちに教員のように考え、教員のように指導していないか、子どもに寄り添う気持ちがおろそかになっていないか、と自分自身をチェックしなければならない」と、組織内部にあって外部性を保つことの難しさを指摘している。

　SC や SSW などの専門家自身が内部性と外部性とをバランスよく保つ意識をもち続けるとともに、周囲の教員が専門性のもつ意味に対する認識を明確にして、教員以外の専門家が内部性と外部性とを適切に発揮できるような環境づくりを進めることが重要であろう。そうすることではじめて、

第3章　生徒指導は今日的な課題にどう取り組むか

「異なる専門分野」の特性を活かしつつ、チームのメンバーの「個性と多様性」を確保することが可能になると思われる。

（2）「学校の組織化と教員の自律性とのバランス」という課題

　授業にしても、生徒指導にしても、個業的な色彩が濃い教員の仕事において、職員間の協業意識を高め、対応の組織化を進めていくことは口で言うほど容易ではない。自律性と組織化のバランスをとりながら「協働性」を発揮するためには、双方向のコミュニケーションに基づく柔軟な組織運営が求められる。そのために必要なのが、トップダウンとボトムアップを効果的に機能させるミドル・アップダウン・マネジメントである。

　学校は鍋蓋（ナベブタ）型組織と言われるように、管理職の強力なリーダーシップによるトップダウン方式の組織運営よりも、職員間の濃密な相互作用による集団活動が円滑な人間関係を生み出し、全体としてのまとまりをつくり出していくという側面が強い組織である。そのため、各主任層のミドルリーダーシップを機能させることで教職員の意欲を高める方向性が目指されてきた。身近なミドルリーダーであればこそ、「それぞれの職員の得意不得意は何か」「授業や生徒指導で苦戦しているのは誰か」といった個々の教員の実態に気づくことができる。その情報が管理職に伝えられた上で学校としての取組を進めることによって、職員間にやらされているのではなく自らの役割を積極的に果たそうとする雰囲気が生まれ、各自のモチベーションも高まっていくものと考えられる。

　「チーム学校」が実現するためには、主幹教諭や指導教諭という新しい職が校長のトップダウンの運営を一方向的に支えるだけでなく、「上方向（フォロワーからリーダーへ）、下方向（リーダーからフォロワーへ）、水平方向に、相互に影響を及ぼし合う」（泉、2009）関係の要となることが重要である。淵上（1995）も、「管理職だけで目標を設定し、計画を立てて、それらを実行しようとしても効果は期待できない。それでは、多くの教師は傍観者のままで、学校づくりははかどらない。管理職だけでなく、教師も様々な意見やアイデアを出し、話し合いながら、目標遂行のためのプロセスをすすめていく必要がある」と指摘している。チームとして学校が機能し、生徒指導が活性化するためには、ミドルリーダーが、上・下・水平方

151

向のコミュニケーションを基に、人間関係をつなぐコーディネーターとしての役割を果たすことが不可欠であろう。

（3）「専門スタッフとの連携における教員の専門性」という課題

専門スタッフを学校教育に位置づけ、地域・関係機関とも連携しながら「チーム学校」が機能していくためには、教員の専門性を明確にし、その力量の向上を図ることが重要なポイントとなる。教育の専門家としての教員が他の専門職との対等性を保ちながら協働的な体制をどう築くのか、ということが問われることになる。

中央教育審議会（平成 24 年）の「教職生活の全体を通じた教員の資質能力の総合的な向上方策について（答申）」の中で、これからの社会において教員に求められる資質能力として、「教職生活全体を通じて自主的に学び続ける力」、「専門職としての高度な知識・技能」と並んで、「総合的な人間力」、すなわち、豊かな人間性や社会性、コミュニケーション力、同僚と協力してチームで対応する力、地域や社会の多様な組織等と連携・協働できる力が挙げられている。つまり、日々の実践を「省察」することによって教員個々の専門性を高めるとともに、衆知を集めて組織として問題解決に取り組む協働する姿勢を身につけることが、若手・中堅・ベテランを問わず、教員に求められているのである。

教員の力量向上に関するモデルには、個人モデルと学校教育改善モデルとがある。前者は、教員個人が身につけている知識・技術・態度それぞれについての向上、またはそれらを高度に身につけた教員の選抜によって、教育の質の向上を求めるものである。これに対して、後者は、授業や生徒指導上の諸問題を同僚と協働して解決していくことによって教員の認識や行動を変化させ、結果として教育の質の向上が生じるという考え方である。そこには、教育実践の質、学校教育の質と教職員の質の向上とを交叉させることで個人の枠を突破していこうという発想が見られる。つまり、学校組織としての学び合いを通じて「教員自身の成長・発達」が志向されているのである。チームによる生徒指導の活性化を目指す上では、前者のモデルから後者のモデルへの移行が求められるであろう。その点において参考となるのが、「学習する組織論」（Senge.P, 2006）である。

第3章　生徒指導は今日的な課題にどう取り組むか

　学習する組織（Learning Organization）とは、自らの実践や経験を絶えず検証し、成功や失敗から気づきや教訓を得て実践を修正し、次に生かすことを通して学習が生まれるような、省察的な学習能力を備えた組織のことである。そのためには、異質な声に耳を傾けて相互の価値観の理解を深め、新たな意味を創造することを目指すという対話が不可欠となる。その際、問題を外的環境のせいにするのでなく、自分たち（学校ないし教職員）の実践の在り方やその前提にある認識の枠組みや価値観（教育観や子ども観、生徒指導観など）を問い直し、自分たちに無意識に影響を及ぼしている学校文化や組織風土を見い出し、自ら行動を変革する姿勢をもつことが求められる。つまり、「どうすれば問題解決できるか、目的を達成できるか」と、組織の既存の価値を自明視したまま行為を変えることで問題の解決とする「シングル・ループ学習」ではなく、組織成員の行為に内在する暗黙の前提としての価値そのものの妥当性を吟味し、再構成することではじめて問題解決が可能になるとする「ダブル・ループ学習」が目指されることになる（曽余田、2008）。

　「協働性」を構築するためには、個々の教員に「学習する組織」としての学校をつくる担い手となるための探求的な姿勢が求められる。「省察的な対話（reflective conversation）」に基づく学習を通して、学校が、世界と自分たちの関係を再認識したり、自分自身を再創造したりすることのできる組織となることで、生徒指導の活性化がもたらされると考えられる。

3　生徒指導の活性化の基盤となる「協働性」と「同僚性」

　これまで検討してきた課題に加えて、協働的生徒指導体制の基盤となる「同僚性」の問題についての検討も避けることはできないであろう。森田（2016）は、いじめの防止等の対策のための組織が子どもを支える体制として機能するためには、「『協働性』の基盤に『同僚性』という信頼に基づく無形財の『人間関係資本（ソーシャル・キャピタル）』が蓄積され」ることが不可欠であると指摘している。しかし、同答申（2015）においては、人間関係に根ざす「同僚性」への言及が見られない。そこで、4点目の課題と

して、「『チーム学校』の実現に向け、職場の『同僚性』をどのように形成するのか」ということが問われなければならないであろう。そのことは、教職員のメンタルヘルスの改善につながる課題でもある。

「チーム学校」が構想された背景には、教職のもつ「閉鎖性」と「自己完結性」を改善し、学校組織の「個業化」をこれ以上進行させない組織づくりを行うことの必要性への認識がある。「個業化」に対比されるのは、「統制化」である。「統制化」とは、教育の不確実性を学校組織内の一定の権限行使によって排除することを基本方略とする組織化傾向であり、校長によるビジョンの明確化、意思決定権限の集権化、組織構造の成層化等の組織における管理機能の強化が目指される（高橋、2008）。

「チーム学校」においては、組織としての効率性を向上させるという視点から、これまで教員が総合的に担ってきた役割の範囲を明確にし、仕事を部分的に他の専門家に委ねたり、教員内部でも役割分担に基づく階層化を進めたりする方向性が示されている。しかし、そのことが、教員の「自律性」を損ねる「統制化」として学校現場に浸透してくることは避けなければならないであろう。学校組織は効率性とともに創造性も求められる組織である。効率性とは「すでに決まった価値や産物をいかに少ない労力で多くの成果を生み出すか」と定義されるのに対して、創造性は「複雑な思考プロセスを経て新しい価値や産物を生み出す」ことである（藤原、2003）。効率性のみを過度に追求する「統制化」が強まると、個々の教員にやらされ感が生まれ、モチベーションが低下し、結果的に創造性を阻害することにもなりかねない。重要なのは、「みんなで統一性を追求する側面と個々の創造性に委ねる部分のバランス」（藤原、前掲）をとることであり、そのために求められるものが、協働性の基盤となる職場の「同僚性」である。

「同僚性」とは、「学校を内に開くこと。教職員が職場で互いに気楽に相談し・相談される、教える・教えられる、助ける・助けられる、励まし・励まされることのできる人間的な関係を作り出すこと」（浦野、2002）と定義される。職員同士の階層を超えた対等な相互交流の上に成り立ち、理解し合い、相互に助け合い、取組の上では一人一人の自律性が保証されている状態として捉えることができる（高橋・新井、2006）。そのような「同僚

性」をベースとした価値の創造は、「統制化」による効率性重視の取組よりも時間がかかり、その結果にも不確実性が伴う。しかし、学校がチームとして機能し、当事者である児童生徒、および教員が生き生きとした教育活動を展開するためには、「同僚性」をベースに教育価値が創造されるプロセスを学校内に構築する必要があると考えられる。

　教員集団の「凝集性」は他の職種に比べて弱く、むしろ教員個々の自律性が保証され、学級経営や教科指導に関しては、教員個々の専門性に基づく独自性が尊重されるなど「疎結合システム」であることが従来より指摘されている（由布、1988）。「疎結合」とは、お互いに働きかけられればそれに応えるが、通常は個々の独立性と分離性が保たれている状況を指す。疎結合の状態があまりに強くなると、教員同士の意見交流や情報交換が乏しくなり、閉鎖的な集団が形成されることになる。小学校における学級王国や中学校における学年セクト主義などがその現れである。

　一方、教員集団は疎結合な構造をもつ反面、他の教員と足並みを合わせようとする強固な「同調性」をもった集団でもある。管理職や他の教員からの非難を恐れ、突出した行動を控え足並みを合わせる傾向が、特に生徒指導場面において顕著にみられることも指摘されている（杉尾、1988）。同調的な教員集団の特徴について、高橋（2008）は「表面的には共通理解や共同歩調が徹底された集団として映り、日々の多忙感に悩む教師にとっては、負担感の少ない『居心地のよい』組織となる場合もある。しかし、同調性に伴う強制力が強まると、異論が挟みにくい、創造的な活動が生まれにくいなどの逆機能が顕れ、全体として管理的で統制的な集団が形成されることになる」と指摘している。「チーム学校」おいては、個業性や個人性ではなく、学校としての方針をベースに、関係する教員同士が課題の設定、指導計画、実施運営、評価などさまざまな事柄について一緒に考え、分担し、運営することになる。そのことにより、学校組織が「統制化」や「同調性」の方向に傾くと、教職員が相互に情報交換を行い、知識を共有しながら共通理解を深め、階層に関係なく忌憚のない意見を交わし合う、「開かれた学校づくり」から離れてしまいかねない。「チーム学校」において、その歯止めとなるものが、教職員間の互いの信頼関係や協力し合う意識、つ

まり「同僚性」に他ならないであろう。

　ハーグリーブス（Hargreaves, A. 1992）は、教員相互の関係性から教員集団の在り方を分類した上で、「同僚性」を形成することの重要性について論じている。今津（2017）を参考にまとめると、教員集団は、①個人主義（individualism）：単独で授業等を行い、同僚と切り離され孤立する状態、②グループ分割主義（balkanization）：何人かの教員が閉鎖的な小グループをつくり、お互いに張り合っている状態、③協働文化（collaborative culture）：教員集団における協力的な関係のある状態。自発的で改善や発展を志向し、教員間の相互作用が場所や時間を問わずに行われる。④策定された同僚間連携（contrived collegiality）：自然発生的な協働文化が強力な動因（校長のリーダーシップや法をバックにした制度等）によって意図的につくり出されたもの、という四つのタイプに分類される。

　①の個人主義型と②のグループ分割主義型は、職員間の関係性が希薄であり、③の協働文化型と④策定された同僚間連携型は、職員間の活発な相互作用がみられる状態である。両者とも相互作用的な関係性を示す点では同じであるが、「同僚性」を内包する「真の協働文化」である③協働文化は、その関係性を促す主体が教員自身であるのに対して、「擬似協働文化」である④策定された同僚間連携型は、「ある意味教師の意思には関係なく、時には強制的手段を伴う外部者が主体」（諏訪、1996）である点に大きな違いがある。教員には、教育目標を共有しながらも、絶えず臨機応変に児童生徒に対応することが求められる。④の企てられた同僚性型のように管理職の意向に従い、その手足となって教育実践に取り組むだけでは、教員の専門性としては不十分である。教員同士がお互いに切磋琢磨しながら学校全体のパフォーマンスを向上させていく「真の協働文化」が教員集団内に形成されることが求められる。

　リトル（Little, J., 1982）によると、よりよい「協働性」が実現されている職場にはさまざまな地位や職種を超えて「相補性（reciprocity）」が確保されていると言う。「相補性」のある関係とは、お互いの欠けた部分を補い合う関係性のことであり、「同僚性」の構成要素として重要なものである。また、組織としての効率性を重視した場合には、階層的な分業体制のもと

第3章　生徒指導は今日的な課題にどう取り組むか

で担当者のみが必要な情報を最低限分有することが機能的であるとされてきたが、組織的な知の創造や「同僚性」形成の観点からは、「(情報) 冗長性 (redundancy)」が必要とされる。個と個の間で相互に余剰な情報を共有し、組織内にあえて無駄を取り込むことが重要であるとする考え方である。余剰の情報をもち合うことによって、相互にそれぞれが興味・関心をもつ事柄について話し合い、異なった視点から問題点や改善点を指摘し合い相互に学び合うことが、組織を活性化する基盤になる。

　職員室において、雑談のようにみえるコミュニケーションが活発に行われる学校ほど、学習指導にも生徒指導にも積極的に取り組む「元気のある学校」と言える（新井、2016）。秋田（2006）は、「一方的に話しかけることや相手に合わせて手伝ったり援助したりすることから、情報や経験を共有すること、そしてその過程を共有して協働で共に何かを創造していく」につれ、「同僚性」も増し、「相互にうまく頼り合い、援助し合う関係が生まれる」と指摘している。「同僚性」を土台とする「協働性」の構築こそが、チームによる生徒指導の活性化のための要であると言えるであろう。

4　「同僚性」・「協働性」の高い職場と教職員のメンタルヘルス

　教員の仕事は、①子どもとの人間関係、②保護者との人間関係、③教職員間の人間関係、という三つの複雑な人間関係に取り囲まれている。特に、子どもや保護者との人間関係が悪化した場合には双方にとって大きなストレスとなる。仮に子どもや保護者との関係がこじれた場合でも、職員間の人間関係が良好で、協力的に解決を図ろうとするサポーティブな雰囲気と体制とが職場に確立していれば、モチベーションを低下させずに困難な状況に取り組んでいくことができる。しかし、職員間の人間関係が崩れ、孤立化が進んでいる場合には、職場の人間関係そのものがストレスとなり、子どもや保護者との関係の悪化が教員のメンタルヘルスに直接的に影響を及ぼすことになる。

　現在の学校の職場状況を見ると、皆がパソコンに向かい無言状態が続く職員室、多忙や自動車通勤による交流機会の減少などから、学校内で職員

157

同士が本音で語り合い、励まし合ったり、時には愚痴をこぼし合ったりする機会が失われつつあるように思われる。悩みを抱えたときには弱音を吐いたり相談したりすることができる、違う個性が助け合わなければ一人では何もできないということをお互いに認め合っている、という職場の「同僚性」が薄らいでいくと、教職員はもとより、学習者である児童生徒にも大きな影響が及ぶことになる。同じ職場の新人教員と中堅・ベテラン教員、また管理職、さらには SC や SSW といった異質性をもつ者同士が、同じ生徒指導上の課題に向き合い、多様な視点から「対話」することによって問題の解決を図ろうとするならば、組織的な生徒指導力のみならず、職場のモラール（士気）とメンタルヘルス（心の健康）も高まっていくのではないだろうか。

　「チーム学校」においては、「ウチとソトに開かれた協働」が求められている。「ウチ」、「ソト」のいずれにせよ、協働が実現されるためには、日ごろから信頼的な人間関係が築かれていることが必要である。お互いに顔を合わせて、気楽に話し合ったり、支え合ったりするというつながりの意識である。職員室が楽しさもしんどさも共有できる心の居場所となれば、何気ない会話を通じてお互いがお互いの個性を認め合ったり、担任が自分の学級経営を透明にしたりすることも可能になる。校長室のドアが開いていれば、教職員ばかりでなく、地域の大人たちも気楽に相談に行くことができるようになる。教職員（教員および専門スタッフ）にとっても、また、地域の人々にとっても、学校に風通しのよい人間関係が築かれること（「同僚性」）が、チームによる生徒指導を活性化（「協働性」）し、子どもも教職員も元気な学校（「メンタルヘルス」）をつくる基盤として不可欠なのではないかと考えている。

＊本論考は、新井肇（2017）「教員間の『同僚性』・『協働性』と『チーム学校』」『生徒指導学研究』第 16 号、pp.36-46 を大幅に加筆修正したものである。

第 3 章　生徒指導は今日的な課題にどう取り組むか

［引用文献］

● 秋田喜代美「同僚とともに学校を創る」秋田喜代美・佐藤学編『新しい時代の教職入門』有斐閣、2006年。

● 新井肇著『「教師を辞めようかな」と思ったら読む本』明治図書、2016年。

● 渕上克義著『学校が変わる心理学―学校改善のために―』ナカニシヤ出版、1995年。

● Hargreaves. A. (1992) Cultures of Teaching: A Focus for Change. In Hargreaves、A. & Fullan、M.G.（Eds.）, Understanding Teacher Development pp. 216-240 Cassell

● 池本しおり「教師間のピアサポート―サポーティブな学校風土づくりの一環として―」『岡山県教育センター紀要』第 253 号、2004年、pp.1-22。

● 泉健一郎「『同僚性』を基盤とした『協働的生徒指導体制』の構築をめざした実践プログラム」『2009年度心の教育実践プラン集』兵庫教育大学教職大学院、2009年、pp.46-55。

● 今津孝次郎著『新版 変動社会の教師教育』名古屋大学出版会、2017年。

● 藤原文雄「同僚性と創造性を高める校内組織づくり」木岡一明編『チェックポイント・学校評価 No.2 学校の組織設計と協働態勢づくり』教育開発研究所、2003年、pp.14-20。

● Little, J.W. (1982) Norms of Collegiality and Experimentation: Workplace Conditions of School Success. American Educational Research Journal, 19, pp.325-340.

● 森田洋司「平成 28 年度いじめの問題に関する指導者養成研修資料」教員研修センター、2016年。

● Peter M.Senge （2006）The Fifth Discipline-The Art & Practice of the Learning Organization The Crown Publishing Group（枝廣淳子・小田理一郎・中小路佳代子訳『学習する組織―システム思考で未来を創造する―』英治出版、2011年）

● 柴田和子「常勤カウンセラーとして働くということ」『心理臨床の広場』第 10 巻第 1 号、日本心理臨床学会、2017年、pp.34-35。

● 杉尾宏「教師文化の変革」波多野久夫・青木薫編『講座学校学 5 育つ教師』第一法規、1988年、pp.177-214。

● 曽余田浩史「学習する組織論と『学校の有効性』」佐古秀一・曽余田浩史・武井敦史著、小島弘道監『学校づくりの組織論』学文社、2011年、pp.44-48。

● 高橋典久・新井肇「同僚性に基づく協働的生徒指導体制構築のための基礎的研究」『生徒指導研究』第 18 号、兵庫教育大学大学院生徒指導コース、2006年、pp.34-43。

● 高橋典久「小学校における協働性的生徒指導体制の構築に関する実践的研究」兵庫教育大学大学院修士論文（未公刊）、2003年。

● 浦野東洋一著『開かれた学校づくり』同時代社、2003年。

● 油布佐和子「教師集団の実証的研究」久冨善之編『教員文化の社会学的研究』多賀出版、1988年、pp.147-200。

［監修］

森田洋司 （もりた・ようじ）

鳴門教育大学特任教授、大阪市立大学名誉教授、大阪樟蔭女子大学名誉教授・元学長。
博士（文学）。日本犯罪社会学会会長、日本社会病理学会会長、日本被害者学会理事長等、学会の要職を歴任。現在、日本生徒指導学会会長。文部科学省第8期中央教育審議会初等中等教育分科会委員。同省「いじめ防止対策協議会」座長。同省「不登校に関する調査研究協力者会議」座長。

山下一夫 （やました・かずお）

鳴門教育大学学長

博士（学術）、臨床心理士。京都大学大学院教育学研究科教育方法学専攻博士課程単位取得後退学。1986年に京都大学教育学部助手、1988年に鳴門教育大学学校教育学部講師。同助教授、教授、理事・副学長を経て2016年より現職。

［編著］

徳久治彦 （とくひさ・はるひこ）

元文部科学省大臣官房総括審議官

1981年文部省入省。中学校教育課で生徒指導担当。その後、各部局を経て、2000年に中学校課長、児童生徒課で生徒指導担当。2009年に大臣官房審議官（初等中等教育局担当）。2015年に大臣官房総括審議官。「日本生徒指導学会」の創設に携わる。

シリーズ生徒指導研究のフロンティア
新しい時代の生徒指導を展望する　Ⅰ

2019年11月27日　初版第1刷発行

監　修	森田洋司・山下一夫
編　者	徳久治彦
発行人	安部英行
発行所	学事出版株式会社
	〒101-0021　東京都千代田区外神田2-2-3
	電話　03-3255-5471
	http://www.gakuji.co.jp
編集担当	町田春菜
組版・印刷・製本	精文堂印刷株式会社

落丁・乱丁本はお取り替えします。
© Yohji Morita et.al.2019
ISBN978-4-7619-2584-0 C3037　Printed in Japan